LA COCINA DEL CARIBE
Y DE
CENTRO AMERICA

paso a paso

PANAMERICANA
EDITORIAL

Editor
Panamericana Editorial Ltda.

Dirección editorial
Conrado Zuluaga

Realización editorial
SIMPEI, S.L.

Diseño
Itos Vázquez

Ilustraciones
José Luis Hernanz Hernández

Fotografía
Fernando Ramajo

Selección de recetas, cocina y estilismo
Itos Vázquez

Introducción
Victoria Puerta

Primera edición, Editorial Voluntad S.A., 1995
Primera edición en Panamericana Editorial Ltda., febrero de 2003
Segunda reimpresión en Panamericana Editorial Ltda., mayo de 2006

© De la compilación: Itos Vázquez
© Panamericana Editorial Ltda.
Calle 12 No. 34-20, Tels.: 3603077 - 2770100
Fax: (57 1) 2373805
Correo electrónico: panaedit@panamericanaeditorial.com
www.panamericanaeditorial.com
Bogotá D. C., Colombia

ISBN: 958-30-0595-9

Impreso por Panamericana Formas e Impresos S. A.
Calle 65 No. 95-28, Tels.: 4302110 - 4300355, Fax: (57 1) 2763008
Quien sólo actúa como impresor.

Impreso en Colombia   Printed in Colombia

LA COCINA DEL CARIBE
Y DE
CENTRO AMERICA

paso a paso

— CONTENIDO —

PROLOGO

Adela Ruiz de Royo, asturiana pero afincada en Panamá durante 24 años, está casada con el ex-Presidente de Panamá Aristides Royo. Su conocimiento e interés por la cocina de España y Centro América, hacen de su persona un invaluable apoyo a esta obra.

La conquista y colonización de los territorios del Caribe, la cual se extendió rápidamente a los países de la América Central y al Istmo de Panamá, trajo consigo la importación de elementos procedentes del Africa negra. Este fenómeno fue diferente al de otros territorios de influencia española en los que no hubo más que migración de pueblos europeos y en los pocos casos en que sí se dieron esas migraciones fueron de poca importancia y por lo tanto carecieron de influencia en la vida cultural, folclórica y gastronómica de su tiempo.

En el siglo pasado y a lo largo del presente siglo se dan también migraciones de italianos, hindúes y chinos con lo cual la cocina de estos pueblos se enriquece con nuevos sabores y olores.

Mesoamérica y el Caribe deben recibir dos tratamientos diferentes en materia culinaria. En las islas del mar del Caribe predomina la influencia española y africana, mientras que en la América Central se juntan lo español e indígena. En los pueblos de las islas y de las costas que asoman al Caribe, aparece como elemento fundamental no sólo en los postres sino mezclado con arroz o pescado, la caña de azúcar, que es la gran revelación de los territorios insulares y son los españoles los que primero industrializan las moliendas para extraerla, al tiempo que se elaboran los famosos rones que sirven hoy de preámbulo e incluso de acompañante a platos deliciosos.

La alimentación básica se hace con los productos de la tierra equivalentes a los componentes de la dieta mediterránea, con alto contenido de fibra. La malanga, el boniato, la yuca, el otoe, el ñame se vierten en una olla con culantro y trozos de gallina que dan como resultado sabrosas sopas que se llaman sancocho, ajiaco, o aguadillo, pero que en esencia son similares. El arroz mezclado con granos de diferentes colores y tamaños, conocido como el "rice and peas" de los ingleses, o los moros y cristianos, constituyen el alimento básico y cotidiano junto con el plátano (verdura).

La cultura gastronómica del plátano adquiere gran importancia en los países bananeros o plataneros de América Central. En las islas Canarias se encuentra la fruta solamente, mientras que en toda la zona americana encontramos "el plátano" (verdura) que es necesario cocinarlo ya sea verde o maduro. Cuando está verde se corta en rodajas pequeñas, se fríen en abundante aceite o manteca, se aplastan con una "piedra de río" si pudiera ser y se vuelven a freír acompañados de sabrosas chuletas de cerdo y en los pueblos de la costa con una sabrosa "corvina" o un jugoso "róbalo". El plátano maduro suele prepararse con una mezcla de mantequilla, canela y miel y es tan delicioso su sabor que se conoce como "plátano en tentación". Suele servirse al final de las comidas, antes de un buen "café de altura".

En el tiempo de la colonia la comida solía ser una gran preocupación. Por otro lado, no había refrigeración, la carne se cortaba en tiras, se salaba y así tenían provisión para largas temporadas. En Panamá, siguiendo esa tradición, se prepara el pescado con limón, cebolla y ají chombo, que se macera por varias horas, y el resultado es un delicioso cebiche. Igualmente, el cebiche se puede hacer con corvina, pargo, sierra e incluso de mariscos como la conchuela, camarón, gambas o pulpo.

Da tristeza reconocer que en Europa, así como se adoptó el tabaco, el chocolate, la papa y el tomate, no se haya hecho lo mismo con el delicioso y nutritivo maíz. Este gramíneo tropical sigue siendo el sustento diario de los pueblos centroamericanos. Es sorprendente que el procedimiento para molerlo y cocinarlo siga siendo igual que hace quinientos años. Ejemplo de los múltiples platos que se pueden preparar con el maíz son las famosas tortillas que acompañan los desayunos; los tamales o nacatamal en Nicaragua, que están compuestos por una masa de maíz que lleva en su interior trozos de carne o de gallina con un refrito, los que se envuelven en hojas de plátano. Por otro lado, el maíz se deja fermentar y se bebe como "chicha fuerte" con gran contenido alcohólico. No podemos dejar de mencionar el aguacate de gran valor nutritivo rico en grasas vegetales. Con él se preparan deliciosas ensaladas que se sirven como aperitivo.

Así como en Panamá hay tres veces más variedad de pájaros que en Estados Unidos y Canadá juntos, la variedad de frutas es muy extensa. Está la papaya o fruta bomba, excelente para el estómago y la piel; el mango del cual se hacen helados deliciosos, además de ensaladas cuando están verdes; la piña de agua que es muy dulce y jugosa; el nance con el que se hacen platos exquisitos como la pesada y mazamorra cubriéndolos con una capa de queso fresco; el níspero y el caimito que crecen junto a los ríos, así como el pejivalle o pixbae de color anaranjado, el cual hay que cocinarlo con sal; la guanábana, fruta muy olorosa, el marañón de color rojo o amarillo, cuya semilla es el anacardo que llega a Europa como fruta seca y muchos más.

Hoy día con las materias primas y los condimentos tradicionales se ha modernizado la cocina y existen abundantes recetas que se trasmiten de generación en generación. Hay clubes como el de los "Mondongueros" que conocen más de ciento cincuenta recetas para preparar este sabroso plato. Es tanto la dedicación de hombres y mujeres de este país a la cocina que se suele comer mejor en las casas que en muchos restaurantes. Hay que mencionar que los anfitriones no suelen dar sus recetas preferidas, ya que algunos las guardan en sus cajas fuertes.

Me siento muy satisfecha con la buena idea de recoger en esta obra lo esencial de la cocina de esta área geográfica de conocida historia pero desconocida internacionalmente por su gastronomía.

ADELA RUIZ DE ROYO

INTRODUCCION

Después de meses de sol, fatigas, miedos y comidas corrompidas y muchas veces insípidas, Colón y sus hombres llegaron a tierra firme.

Embriagados por los dulces olores que desprendían los árboles de guayaba y las flores silvestres, creyeron encontrarse en el paraíso de las Indias orientales con sus delicadas esencias. Un mar azul turquesa y la cálida hospitalidad de los nativos, distraían a los recién llegados de los peligros que acechaban en estas tierras.

En su Historia General de las Indias, Gonzalo Fernández de Oviedo, describe los devastadores efectos del delicioso fruto de las tunas y cactus que desconcertaban y enloquecían a los hombres de Colón junto con la densidad del nuevo territorio y las extrañas costumbres de sus moradores, cuya alimentación se basaba en el consumo de raíces, alimañas y pescado crudo.

No obstante, esta sensación se compensaba ante la sabiduría que demostraban para tratar los frutos de la guayaba y los rituales para la siembra y recogida de las frutas tropicales, entre las que se destacaban el aguacate, el cacao y la papaya.

En su segundo viaje, Colón trajo gallinas, cerdos, cabras y técnicas para cultivar otros alimentos, tales como la caña de azúcar y el trigo. Las altas temperaturas del trópico fueron benéficas para la caña de azúcar, pero imposibles de soportar para el trigo. El cultivo de caña se hizo muy popular, a pesar de la mano de obra indígena insuficiente y débil. Para suplir la fragilidad y el mismo exterminio de las tribus indígenas, se poblaron las nuevas colonias con esclavos traídos de Africa. Con ellos llegó la comida picante, los sabores robustos, la sazón colorida, la técnica de extraer el aceite de dendé de la palma y las otras maneras de cocinar los alimentos, pues además de freír los pescados y carnes, el negro africano adoraba guisar el cerdo y la gallina con hojas y especias.

Ya los calderos autóctonos se habían enriquecido. En los rudimentarios fogones hervía el sancocho, aderezado con aceite de oliva, y en las cazuelas la fusión de tres culturas daba origen a una cocina sensual, de variadas y extravagantes combinaciones.

Pero hablar de ese nuevo invento, significa aclarar y recorrer las influencias y diferencias que determinan los calderos de las islas caribeñas, los cuales aparecen agrupados bajo el nombre genérico de Cocina del Caribe.

En el rosario de islas que forma el Caribe Insular, el toque africano fue definitivo en esa carta mulata, producto final de las especias y combinaciones traídas por ingleses, franceses, españoles, hindúes y chinos. En el Caribe Inglés, formado por Jamaica, Barbados, Islas Vírgenes y San An-

drés y Providencia entre otras, se hizo natural y frecuente la utilización del curry, del chutney y de los frutos del árbol del pan; en tanto que islas como Puerto Rico, Cuba, o República Dominicana, colonizadas por España, desarrollaron una carta más suave y equilibrada, en la que dominaba la utilización del aceite de oliva, el azafrán, las hierbas aromáticas y el hervor largo. El Caribe Francés, tan romántico y dulzón, como esa lengua de postas, se forjó al calor de combinaciones picantes, en las que intervenían sabiamente el clavo de

olor, la nuez moscada, el laurel, el tomillo, el ají y la sazón negra por excelencia. El resultado, una escuela conocida como la "cuisine créole".

Desde Venezuela hasta el Caribe Mexicano, pasando por el de Guatemala, Honduras, Costa Rica, Panamá, Belice, Salvador y Colombia, el calor de los fogones se fue avivando especialmente con la presencia indígena, la cual aportó el maíz, la calabaza, el tomate, el achiote y el ají, dando como resultado una gastronomía influenciada más suavemente por el elemento negro, pero mestizada por el aporte blanco.

Aunque son variadas las influencias del Caribe, todo él parece haberse puesto de acuerdo para hacer del sancocho "la bandera de unidad negra", según palabras de Xavier Domingo, en su libro "Cuando sólo nos queda la comida". Preparado con pescado, con pollo o con puerco, servido con arroz blanco o de coco, acompañado con okras o buñuelitos fritos, con ñame, yuca y carne, o sólo con papas, verduras y plátanos fritos, el sancocho representa la quintaesencia del alma tropical.

Nada iguala una tarde en la playa, bajo la sombra de los cocoteros y ajos, cilantro y la melodía sabrosa de un boogaloo, inter-

pretado por Ricardo Ray; o quizá, sería lo más fantástico y utópico, encaramarse en un barco y recorrer esos mares azules y cristalinos probando todas las delicadezas, escuchando los ritmos afrocaribeños, los calipsos, el reggae, las tumbadoras y el son cubano. Arrullados por los vientos alisios, acurrucados en una hamaca y con un trago de ron en la mano, podríamos empezar a revivir, bajo el hechizo de los viejos trovadores cubanos, las casi olvidadas ensaladas de verdolaga y bledo, y regresar con ellas a los tiempos secretos de Yemayá, de Oggún y del dadivoso Obbara. Con suerte, un iniciado le contará la historia de Oggundá. Sólo en Jamaica encontrará la historia y la comida de esa gente "notable" conocida en otros tiempos como los Bambara. En sus escasas pertenencias trajeron consigo desde Africa las semillas del akeé, cuyos frutos tienen un sabor peculiar muy agradable, para evitar que se extendiera su consumo, propagaron la mentira de que aquellos que no tuvieran estómago bambara podrían envenenarse, lo cual motivó que se rechazara este verdadero manjar por los otros países del Caribe.

Antes de zarpar a los otros puertos del placer hay que probar la piña flambeada de Martinica. Es todo un espectáculo de olor

sos árboles de Gonaïves, así como en otras partes de la isla", y que "al hervirse da una tintura negra y con ella se hacen arroces jubilosos de cangrejos, langostinos, poá congó (guandú) y muchas otras especias, sin que falte el toque del clavo de olor".

La unidad de aromas, los tiempos largos de la siesta, los árboles frutales, las ancestrales añoranzas, el ron, las lenguas diferentes, las tertulias bajo los almendros o en las mesitas colocadas "a la vera del camino" en San Andrés, Colombia, están deliciosamente amenizadas por los ritmos del reggae o el calipso. La marcada influencia afroinglesa ha dado como resultado una cocina que sabe aprovechar los delicados frutos del árbol del pan. El rondón, los dulces de grosella, batata, yuca y las empanadas de plátano maduro, fueron aprendidas de la mano de esas matronas reposadas

y sabor, y tan apreciada, como en su tiempo lo fueron por Napoleón, los buñuelos de plátano impregnados de ron. Cuenta la leyenda que era lo único que lograba sacarlo de su eterna melancolía.

Al lado del budú y la imaginería popular negra, persiste en Haití, el olor fuerte y picante de Africa, del lambi, el grilló y el jondjón. Sobre todo es necesario probar el jondjón, que ha sido descrito como "un hongo silvestre que nace al pie de los año-

que contaban historias de piratas y travesías imposibles, como la del árbol del pan traído desde la India por los ingleses para alimentar a sus esclavos. Las muelas de cangrejo rellenas, las tortas hechas con yuca amarga y arroz de coco, los caracoles y carapachos, hacen parte inevitable de la fiesta dominguera.

Siempre en domingo hay que asistir a los mercados de Centroamérica. Los fogones de esta región no han podido resistirse a la influencia afroantillana y caribeña. Un mondongo asado en Panamá, puede ser tan excitante como un sancocho de las siete carnes de Santo Domingo, o un plato de bacalao de Jamaica. En los comedores de los países que forman la cuenca del Caribe, existe un abigarrada paleta de sabores y texturas. De la antigua olla indígena, cimentada sobre todo en la utilización del ayote, el chayote, la vainilla, el chile, el fríjol, la calabaza, la piña, la papaya y la guanábana, entre otros, se ha pasado a un mestizaje rico en especias, pero suavizado por las harinas de yuca, maíz y plátano.

El aporte negro se ha visto matizado por el tránsito de las islas al continente. Siempre en domingo las mulatas de Livisgtone, en Guatemala, sacan a la calle sus tenderetes repletos de frijolitos negros, frutos de mar apanados y dulces de leche y coco. Al igual que en Costa Rica, Honduras y El Salvador, países pequeños y hermanos en la preparación de arroces marineros, pescados, mariscos y postres.

Como un barco que se va llenando de olores, de las alegres y disparatadas leyendas del Caribe, se ha ido rebosando este libro. Con las recetas dictadas al oído por las míticas abuelas del trópico, con el entusiasmo de quienes aseguran que la cocina caribeña es una de las más importantes y sabrosas, con el callado aporte de esos investigadores que han logrado rescatar del olvido los vapores de aquellos tiempos de guerras y conquistas, de calderos y vasijas de barro en los que se cocinaron las delicias gastronómicas, se han compuesto las páginas de este libro.

SALSAS
Y
BEBIDAS

Salsa criolla

Ingredientes para 2 tazas:
*4 cucharadas de manteca de cerdo •
3 dientes de ajo picados •
Comino en polvo, al gusto • 150 g de
alcaparras • 2 cucharadas de
harina de trigo • 2 tazas de agua •
Sal • Pimienta*

Poner una olla al fuego con la manteca, añadir los ajos, el comino y pimienta y sofreír. Agregar las alcaparras, previamente majadas en un mortero, y la harina. Revolver y añadir poco a poco el agua, salar y cocinar sin dejar de revolver durante 5 minutos. Servir con pescados, crustáceos y carnes en general.

Salsa habanera cruda

Ingredientes para 4 tazas:
*1 1/2 lb de auyama • 2 tazas de agua
• 3 dientes de ajo picados • 4 tomates
maduros, pelados y picados • 1 taza de
vinagre • 1 1/2 tazas de caldo •
1 cebolla pequeña, picada •
1 cucharada de perejil fresco, picado •
1 pimentón picado • Sal • Pimienta*

Pelar la auyama, cortar en trocitos y cocinar en el agua con sal. Escurrir, poner en un mortero grande junto con los ajos y los tomates, y sazonar con sal y pimienta. Majar todo bien hasta formar un puré y añadir los ingredientes restantes. Servir fría con verduras y carnes rojas.

Salsa de mostaza

Ingredientes para 2 tazas:
*1 taza de azúcar moreno • 1 taza de
caldo de pollo • 3 yemas de huevo
ligeramente batidas •
1/2 taza de mostaza suave •
1/2 cucharadita de harina de trigo*

Mezclar todos los ingredientes en un recipiente. Poner al baño María, sobre el fuego, y cocinar durante aproximadamente unos 10 minutos, batiendo de vez en cuando. Servir fría con carnes de cerdo y caza.

Salsa de curry

Ingredientes para 1 taza:
*2 cucharadas de aceite • 1 cebolla
picada • 2 cucharada de tomate frito •
Unas hebras de azafrán o 1/2
cucharadita de color • Jengibre fresco
molido • 1 cucharada de curry • 1
taza de caldo • Sal • Pimienta*

Calentar el aceite en una sartén al fuego y rehogar la cebolla hasta que esté transparente. Añadir los ingredientes restantes y cocinar a fuego lento durante 5 minutos. Servir con aves y pescados.

Salsa a lo guajiro

Ingredientes para 1 taza:

*1/2 lb de manteca de cerdo •
2 cebollas medianas, finamente
picadas • 6 dientes de ajo, finamente
picados • 1 cucharada de perejil fresco,
finamente picado • El jugo de 4
naranjas • Sal • Pimienta*

Calentar la manteca en una sartén y rehogar la cebolla junto con los ajos y el perejil. Cocinar unos minutos, sazonar con sal y pimienta y por último, incorporar el jugo de naranja, sin colar. Revolver y servir con asados, en particular con lechón, y pescados.

Salsa para carne de cerdo

Ingredientes para 1 1/2 tazas:

*Residuos de haber frito carne de cerdo
• 1 taza de vino tinto • 2 cucharadas
de harina • 1/2 taza de agua • Sal*

Para hacer la salsa hay que contar con una sartén donde se habrán frito más o menos 2 lb de carne de cerdo y hayan quedado la grasa y los residuos de la carne.

Añadir el vino y cocinar a fuego muy lento, revolviendo con una cuchara de madera, para desprender todos los residuos de la sartén.

A continuación, disolver la harina en el agua, añadir a la sartén y cocinar, sin dejar de revolver con la cuchara de madera, hasta que espese y la harina esté cocinada. Rectificar la sazón y servir.

Salsa de queso

Ingredientes para 1 1/2 tazas:

*2 cucharadas de mantequilla •
2 cucharadas de cebolla finamente
picada • 100 g de queso rallado •
1 taza de leche • 2 cucharadas de
mostaza • Sal*

Derretir la mantequilla en una sartén al fuego y rehogar la cebolla hasta que

esté transparente. Añadir el queso y la leche, revolviendo constantemente, hasta que el queso se haya disuelto. Incorporar la mostaza y sal al gusto y cocinar unos minutos más.

Si quedara demasiado espesa, puede añadir un poco más de leche. Servir bien caliente con verduras, papas al horno y carne de cerdo.

Salsa de hierbas aromáticas

Ingredientes para 2 1/2 tazas:

*1 1/2 cucharaditas de mantequilla •
2 cucharadas de cebolla picada •
1 diente de ajo picado • 1 cucharada
de perejil fresco, picado • 1 cucharada
de harina de trigo • 1/2 cucharada de
salvia en polvo • 1 hoja de laurel •
2 tazas de jugo de tomate • 1/4 tazas
de caldo de pollo • 1 cucharadita de
jugo de limón • Sal*

Derretir la mantequilla en una sartén al fuego y rehogar la cebolla, el ajo y el perejil. Agregar la harina, dar unas vueltas e incorporar la salvia, el laurel y sal. Añadir poco a poco el jugo de tomate y el caldo, cocinando a fuego lento, sin dejar de revolver hasta que espese. Retirar del fuego, rociar con el jugo de limón, revolver y servir con verduras y carnes suaves.

Blue Mulata

Ingredientes para 1 persona:
1 1/2 medidas de ron blanco • 1/3 de medida de crema de albañicoque • 1/2 medida de curaçao azul • Soda

Verter los ingredientes excepto la soda en la coctelera con hielo. Agitar bien, colar sobre un vaso corto y completar con cubitos de hielo y soda.

Planter's Punch

Ingredientes para 1 persona:
2 medidas de ron de Jamaica • 1 medida de jugo de lima o limón • 1 cucharadita de granadina • 1 toque de angostura • Soda

Llenar hasta la mitad el vaso mezclador con hielo. Verter todos los ingredientes excepto la soda y mezclar suavemente. Servir dentro de una piña vaciada o en vaso alto. Completar con soda. Decorar al gusto.

De izquierda a derecha: Blue Mulata; Entre sábanas; Planter's Punch y Calypso.

Entre sábanas

Ingredientes para 1 persona:
1 medida de ron blanco • 1 medida de brandy • 1 medida de Cointreau • 1 toque de jugo de limón

Verter todos los ingredientes en la coctelera con hielo. Agitar bien y colar sobre un vaso con hielo.

Calypso

Ingredientes para 1 persona:
1 1/2 medidas de ron blanco • 1/2 medida de jugo de naranja • 1/2 medida de jarabe de azúcar • 1 cucharadita de jugo de lima

Verter los ingredientes en la licuadora con hielo picado. Batir unos segundos y colar sobre un vaso bajo con hielo.

Piña colada

Ingredientes para 1 persona:

1 1/2 medidas de ron dorado • 1 medida de jugo de piña •
1 medida de leche de coco • 1/2 medida de crema de leche
• Hielo

Verter todos los ingredientes en la coctelera. Agitar enérgicamente y colar sobre un coco vaciado o sobre un vaso alto. Decorar al gusto.

Daiquiri de piña

Ingredientes para 1 persona:

2 medidas de ron blanco • 1 medida de marrasquino •
1 medida de jugo de limón • 1 rebanada de piña •
1 cucharadita de azúcar pulverizada •
Hielo picado

Verter todos los ingredientes en la licuadora. Mezclar durante 15 segundos y servir en una piña vaciada.

De izquierda a derecha: Piña colada;
Daiquiri de piña; Jamaicano y Cuba Libre.

Jamaicano

Ingredientes para 1 persona:

2 medidas de ron añejo • 2 medidas de café Blue mountain
• 1 medida de soda

Verter todos los ingredientes en un vaso con cubitos de hielo y agitar con una varilla.

Cuba Libre

Ingredientes para 1 persona:

1 medida de ron oscuro • El jugo de 1/2 limón • Refresco de
cola

Llenar un vaso alto con cubitos de hielo. Agregar el ron y el jugo de limón. Mezclar bien y completar con el refresco de cola. Decorar con 1 rodaja de limón.

RECETAS
PASO A PASO

— Fufu —

Ingredientes para 6 personas:

1/2 lb de ñame cortado en trozos
1 lb de yuca cortada en trozos
1 ají grande cortado en trozos
1 tomate pelado y picado
1 cebolla picada
2 dientes de ajo picados
3 tazas de leche de coco
2 lb de pescado de carne firme, cortado en rebanadas
1 plátano verde
Sal y pimienta

Poner en una olla el ñame, la yuca, el ají, el tomate, la cebolla y los ajos. Cubrir con la leche de coco y cocinar hasta que las verduras estén tiernas.

Mientras tanto, sazonar con sal y pimienta las rebanadas de pescado y freír en abundante aceite. Reservar.

A continuación, cortar el plátano en rodajas de unos 2 cm de grosor, y freírlas. Retirar de la sartén, aplastarlas y volverlas a freír hasta que estén crujientes.

Cuando las verduras estén en su punto, salar, añadir el pescado frito y las rodajas de plátano y cocinar todo junto durante 10 minutos. Servir inmediatamente.

1. Poner todas las verduras en una olla, cubrir con la leche de coco y cocinar.

2. Sazonar con sal y pimienta las rebanadas de pescado y freír en abundante aceite.

3. Freír las rodajas de plátano. Retirar de la sartén, aplastarlas con la espumadera y freír de nuevo hasta que estén crujientes.

4. Añadir a las verduras el pescado frito y las rodajas de plátano frito, y cocinar 10 minutos.

— Sopa de cangrejos —

Ingredientes para 4 personas:

16 cangrejos de río
2 cebollas
2 zanahorias
1 rama de apio
4 cucharadas de mantequilla
1 "bouquet garni" compuesto por hierbas aromáticas
Aceite
1 diente de ajo machacado
3 ramitas del perejil picado
1 copa de ron añejo
2 vasos de vino blanco seco
1 cucharada de concentrado de tomate
4 tazas de agua
2 cucharadas de crema de leche
1 yema de huevo
Sal, pimienta y ají

Lavar los cangrejos, pelar las cebollas y las zanahorias, limpiar el apio y cortar una cebolla en aros finos, reservándola, y la otra junto con las zanahorias y el apio, cortar en trocitos.

A continuación, calentar la mantequilla en una olla, añadir las hortalizas junto con el "bouquet garni", tapar y cocinar a fuego muy bajo, hasta que las hortalizas empiecen a ablandar.

Mientras tanto, saltear los cangrejos en una sartén grande con un poco de aceite y la cebolla reservada junto con el ajo y el perejil. Flambear con el ron y reservar.

A continuación, verter los cangrejos preparados en la olla. Añadir el vino, el concentrado de tomate y 4 tazas de agua. Cocinar a fuego bajo durante 15 minutos. Retirar del fuego, sacar los cangrejos del caldo, pelar las colas, cortarlas en trocitos y reservar.

Seguidamente, poner en una licuadora potente los caparazones y cabezas de los cangrejos, junto con las hortalizas cocinadas y licuar. Pasar la mezcla por un tamiz fino e incorporar al caldo. Sazonar con sal y pimienta, agregar el ají y cocinar 10 minutos más.

Mientras tanto, batir la crema de leche y la yema y finalmente, agregar a la olla, revolviendo constantemente.

Por último, repartir los trocitos de cola de cangrejo en los platos o en la sopera. Cubrir con el caldo preparado y servir.

1. Calentar la mantequilla, añadir las hortalizas junto con el "bouquet garni" y cocinar a fuego muy bajo.

2. Saltear los cangrejos en una sartén grande con la otra cebolla, el ajo y el perejil, y flambear con el ron.

3. Poner los cangrejos en la olla, añadir el vino, el concentrado de tomate y agua y cocinar.

4. Pelar los cangrejos, licuar los caparazones y cabezas con las hortalizas y colar.

— Sopa de fríjoles —

Ingredientes para 4 personas:

1 lb de fríjoles rojos
1 diente de ajo picado (martajado)
2 granos de pimienta
2 pimentones (chiltomas) verdes cortados en trocitos
2 cebollas (1 rallada y otra picada)
1 cucharada de mantequilla
4 huevos
Sal y ají (chile) al gusto

Poner los fríjoles en un recipiente. Cubrir con abundante agua y dejar en remojo durante 8 horas.

Cuando se van a preparar, escurrirlos y ponerlos en una olla, cubrirlos con agua y cocinar. Cuando estén casi tiernos, añadir el ajo, salar y terminar la cocción.

A continuación, poner 1 taza de fríjoles en otra olla. Agregar los granos de pimienta, los pimentones, la cebolla rallada y ají al gusto. Incorporar 4 tazas del caldo de cocinar los fríjoles y cocinar todo junto durante 10 minutos.

Mientras tanto, calentar la mantequilla en una sartén y freír la cebolla, picada.

Seguidamente, pasar todos los fríjoles junto con los pimentones y cebolla cocinada por la licuadora, y verter de nuevo en la olla. Añadir la cebolla frita y mezclar todo bien.

Por último, cascar los huevos en el puré y cocinar hasta que los huevos estén cuajados. Servir inmediatamente.

1. Poner los fríjoles en remojo y cocinar hasta que estén tiernos.

2. Cocinar los pimentones y la cebolla con parte de los fríjoles.

3. Hacer un puré con todos los fríjoles y añadir la cebolla frita.

4. Cascar los huevos en el puré y cocinar hasta que cuajen.

— Sopa de pescado —

Ingredientes para 6 personas:

1 lb de espinas y cabezas de pescado
Unas hojas de apio
3 tazas de agua
3 tazas de leche
2 cucharadas de aceite
1 diente de ajo
1 cebolla picada
2 hojas de laurel
1 lb de filetes de pescado
2 plátanos verdes
Sal y pimienta

Poner las espinas y cabezas de pescado en una olla, con el apio. Añadir el agua y la leche, salar y cocinar durante 1 hora.

A continuación, calentar el aceite en otra olla y rehogar el ajo y la cebolla, previamente picados, hasta que la cebolla esté transparente. Añadir el laurel y los filetes de pescado previamente cortados en cuadritos. Salar ligeramente, rehogar todo junto durante 5 minutos, y retirar del fuego.

Seguidamente, pelar, cortar los plátanos en rodajas gruesas y freír en aceite caliente hasta que estén doraditas. Retirar las rodajas con una espumadera y aplastarlas. Volver de nuevo a freír hasta que estén bien crujientes y dejar escurrir.

Por último, colar el caldo obtenido con las espinas de pescado, y verter sobre el pescado rehogado. Añadir los patacones y calentar de nuevo. Servir con perejil picado por encima.

1. Cocinar las espinas de pescado con el agua, la leche y el apio.

2. Freír la cebolla y el ajo, añadir el pescado y rehogar junto con el laurel.

3. Freír las rodajas de plátano, retirar, aplastarlas y freír de nuevo.

4. Agregar el caldo colado sobre el pescado.

5. Incorporar las rodajas de plátano y calentar.

28

— Sopa de elote —

Ingredientes para 6 personas:

4 tazas de granos de choclo (elote)
2 tazas de caldo de pollo
1 taza de crema de leche (nata líquida)
2 huevos
2 cucharadas de perejil fresco picado
Sal y pimienta

Poner los granos de choclo en una licuadora. Añadir el caldo y licuar bien hasta obtener un puré homogéneo.

A continuación, verter el puré obtenido en una olla al fuego. Agregar la crema de leche y revolver bien con una cuchara de madera, cocinando durante 5 minutos.

Seguidamente, colar el puré, verterlo de nuevo en la olla y sazonar con sal y pimienta.

Por último, batir los huevos en un recipiente. Añadirles un poco del puré previamente preparado, batir bien e incorporarlos a la olla. Calentar sin dejar de revolver con una cuchara de madera, y servir decorando la superficie con el perejil picado.

1. Licuar los granos de choclo con el caldo hasta obtener un puré.

2. Poner en una olla, añadir la crema de leche y cocinar.

3. Colar, verter de nuevo en la olla y sazonar con sal y pimienta.

4. Incorporar los huevos, batidos con un poco del puré y calentar.

— Sopa campesina —

Ingredientes para 6 personas:

1/2 pollo
2 dientes de ajo
1 cebolla
2 ramitas de cilantro
2 l de agua
2 cucharadas de arroz
350 g de yuca cortada en dados
350 g de ñame (tiquisque) cortado en dados
Sal y pimienta

Picar finamente los dientes de ajo, junto con la cebolla y el cilantro, y sazonar con sal y pimienta.

A continuación, lavar bien el pollo, cortarlo en presas y poner en un recipiente de barro o cristal. Cubrirlo con la mezcla de cebolla, preparada anteriormente, y dejar adobar durante 15 minutos.

Seguidamente, poner el agua en una olla al fuego. Añadir el pollo junto con su adobo y cocinar durante 30 minutos.

Por último, añadir el arroz, revolver e incorporar la yuca y el ñame troceados, y cocinar hasta que todo esté tierno.

1. Picar finamente la cebolla junto con los dientes de ajo y las ramitas de cilantro.

2. Poner el pollo en un recipiente, cubrirlo con el preparado anterior, y dejar reposar.

3. Poner el agua junto con el pollo y cocinar unos 30 minutos. Añadir el arroz.

4. Incorporar la yuca y el ñame troceados y cocinar hasta que todo esté tierno.

Fríjoles con jamón al diablo

Ingredientes para 6 personas:

1 lb de fríjoles rojos puestos en remojo el día anterior
2 cucharadas de aceite
1 cebolla picada
1 pimentón (chile dulce)
100 g de jamón
2 cucharadas de salsa inglesa
1 cucharada de mantequilla
100 g de queso parmesano rallado
2 cucharadas de salsa catchup
Sal

Poner los fríjoles, remojados desde el día anterior y escurridos, en una olla, cubrirlos con agua y cocinar hasta que estén tiernos.

Mientras tanto, calentar el aceite en una olla y freír la cebolla finamente picada hasta que esté transparente. Añadir el pimentón y el jamón, previamente cortado en trozos regulares, rehogar unos minutos e incorporar los fríjoles cocinados junto con el caldo de cocción.

A continuación, añadir la salsa inglesa, la mantequilla, el catchup y la mitad del queso rallado.

Mezclar todo bien, con ayuda de una cuchara de madera, y cocinar durante aproximadamente unos 10 minutos. Rectificar la sazón, si fuera necesario, y cocinar 5 minutos más.

Por último, retirar la preparación del fuego y servir con el queso parmesano rallado restante, espolvoreado por encima.

1. Cocinar los fríjoles y mientras tanto, freír la cebolla hasta que esté transparente.

2. Picar el pimentón y cortar en trozos regulares el jamón. Rehogar junto con la cebolla.

3. Añadir los fríjoles cocinados, la salsa inglesa y el catchup.

4. Incorporar la mitad del queso rallado y cocinar.

PUERTO RICO

— Ajo pollo —

Ingredientes para 6 personas:

1 lb de pollo cortado en presas
1 hueso de jamón
2 zanahorias cortadas en trozos
1 ramita de apio
1 puerro
4 plátanos (guineos) verdes
6 huevos
Sal

Poner en una olla el pollo junto con el hueso de jamón, las zanahorias, el apio y el puerro. Salar con cuidado porque el jamón tiene sal, cubrir con agua y cocinar durante 45 minutos. Colar y reservar por separado.

A continuación, pelar los plátanos, cortarlos en rodajas, poner éstas en remojo en agua con sal, durante unos minutos, secar y freír en abundante aceite hasta que estén doraditas. Retirar con ayuda de una espumadera y poner sobre servilletas de papel para que escurran el exceso de grasa.

Seguidamente, triturar los plátanos y formar bolitas con el puré obtenido.

Por último, calentar el caldo en un olla. Agregar el pollo, previamente deshuesado y desmenuzado y, cuando el caldo hierva, añadir las bolitas de plátano y cocinar durante unos 5 minutos.

Por último, cascar sobre la superficie los huevos y cocinar hasta que estén cuajados.

2. Cortar los plátanos en rodajas, freír hasta que estén doraditas y hacerlas puré.

3. Añadir al caldo el pollo desmenuzado y las bolitas hechas con el puré de plátanos.

1. Cocinar el pollo junto con el hueso y las verduras, hasta que el pollo esté tierno. Colar y reservar.

4. Cascar los huevos sobre la superficie y cocinar hasta que éstos estén cuajados.

— Caviar de berenjena —

Ingredientes para 6 personas:

2 lb de berenjenas
I cebolla muy picada
2 tomates picados
I pimentón (pimiento) rojo, asado, pelado y cortado en trocitos
2 cucharadas de cilantro picado
4 cucharadas de aceite
I cucharada de vinagre o jugo de limón
Unas hojas de lechuga
Unas aceitunas negras
Sal y pimienta

Lavar cuidadosamente las berenjenas, secarlas con un paño o con papel absorbente de cocina y asarlas en el horno, precalentado a 195° C (375° F), hasta que estén tiernas. Pelarlas, picarlas en cubitos y poner en un recipiente.

A continuación, añadir al recipiente la cebolla, los tomates, el pimentón y el cilantro, y mezclar todo bien.

Seguidamente, verter en una tacita el aceite, el vinagre o jugo de limón, y sal y pimienta al gusto, y batir bien. Verter sobre el preparado anterior y revolver para que se unifiquen los sabores.

Por último, poner en una fuente y decorar con las hojas de lechuga y las aceitunas..

1. Lavar las berenjenas, secar y asar en el horno hasta que estén tiernas.

2. Pelarlas, picarlas y poner en un recipiente junto con la cebolla, los tomates, el pimentón y el cilantro.

3. Mezclar el aceite con el vinagre o jugo de limón, sal y pimienta y aliñar el preparado.

4. Colocar en una fuente y decorar con las hojas de lechuga y las aceitunas.

— Arroz a la Regenta —

Ingredientes para 6-8 personas:

Para el caldo:
2 lb de pollo cortado en presas
7 tazas de agua
2 dientes (granos) de ajo
1 cebolla
2 granos de pimienta
Sal

Para el arroz:
100 g de mantequilla
1 lb de cebollas picadas
2 1/2 tazas de arroz
1/2 taza de queso parmesano rallado
5 tazas del caldo del pollo

Para la salsa:
100 g de mantequilla
2 cucharadas de harina de trigo
1 taza del caldo del pollo
1/2 taza de vino blanco

Sal y pimienta
1 pimentón (pimiento morrón) rojo asado y pelado
1 cucharada de cilantro

Poner en una olla al fuego, todos los ingredientes del caldo excepto el pollo y cuando comience a hervir, añadir el pollo y cocinar hasta que esté tierno. Colar y reservar el caldo y el pollo aparte.

A continuación, preparar el arroz. Derretir la mantequilla en una olla al fuego y rehogar las cebollas. Añadir el arroz, previamente lavado y sofreír. Agregar el queso, revolver e incorporar el caldo. Cocinar hasta que el arroz esté en su punto y haya absorbido el líquido.

Mientras tanto, derretir la mantequilla de la salsa, en otro recipiente, y rehogar la harina, revolviendo. Añadir, poco a poco, el caldo y el vino, rectificar la sazón e incorporar el pollo cocinado, previamente desmenuzado. Cocinar todo junto hasta que la salsa espese y retirar del fuego.

Por último, poner el arroz en un molde de corona y volcar sobre una fuente de servir. Poner la salsa preparada en el hueco central y decorar con el pimentón y el cilantro.

1. Poner todos los ingredientes del caldo en una olla y cocinar hasta que el pollo esté tierno.

2. Freír las cebollas, sofreír el arroz, añadir el queso y el caldo y cocinar.

3. Rehogar la harina en la mantequilla, añadir el caldo y el vino, y cocinar. Agregar el pollo desmenuzado y revolver.

4. Moldear el arroz, colocarlo en una fuente y poner en el centro la salsa cocinada.

— Berenjenas cubanas —

Ingredientes para 4 personas:

2 lb de berenjenas
100 g de manteca
1 cebolla picada
3 tomates pelados sin semillas y picados
100 g de jamón picado
2 huevos
3 cucharadas de pan molido (rallado)
Sal

Pelar las berenjenas, cortar en trozos y poner en una olla con agua y sal. Cocinar hasta que estén tiernas, escurrir en un escurridor, apretando con las manos para que suelten todo el agua, poner en un recipiente y triturarlas hasta formar un puré.

Calentar la manteca en una sartén al fuego y freír la cebolla y los tomates durante 5 minutos. Incorporar el ja-

món, revolver, y añadir el puré de berenjenas. Cocinar, revolviendo, durante unos minutos. Apartar del fuego, y añadir los huevos previamente batidos y 2 cucharadas de pan molido.

Verter la mezcla en un molde engrasado, espolvorear con el pan molido restante e introducir en el horno, precalentado a 180° C (350° F) hasta que esté cuajado y la superficie dorada.

1. Cocinar las berenjenas en agua con sal y escurrir bien para que suelten todo el agua.

2. Ponerlas en un recipiente, y triturarlas con un tenedor hasta formar un puré.

3. Freír la cebolla, el tomate y el jamón. Añadir el puré de berenjenas y cocinar.

4. Retirar del fuego, incorporar los huevos batidos y pan molido, y mezclar todo bien.

5. Verter el preparado en un molde engrasado y hornear hasta que esté cuajado.

— Sancocho —

Ingredientes para 10 personas:

1 pollo cortado en presas
1/2 cebolla mediana picada
2 dientes de ajo majados
1 ají verde partido en 4
3 ajíes gustosos partidos en 2
1 ramito de perejil
1 ramito de cilantro
1 puerro
1 ramita de apio
2 tomates picados
1/2 cubito de caldo de pollo
1/2 cubito de caldo de carne
1 lb de costillas
1 lb de chivo
1/2 lb de tocineta (tocino)
1 longaniza
1 lb de auyama cortada en trozos
4 plátanos verdes cortados en trozos
1 lb de yuca cortada en trozos
1 lb de batata
2 mazorcas de maíz cortadas en trozos
1 lb de ñame cortado en trozos
3 l de agua
1/2 cucharadita de orégano
2 cucharadas de jugo de limón o naranja agria
1 cucharada de vinagre
Sal

Poner en una olla el pollo junto con la cebolla, los ajos, los ajíes, el perejil, el cilantro, el puerro, el apio, los tomates, los cubitos desmenuzados, y agua, y cocinar hasta que el pollo empiece a ablandar.

Cocinar, por separado, las costillas y la carne de chivo. Reservar.

Cortar en trozos la tocineta y freírla ligeramente en un poco de aceite. Añadir un poco de agua y cocinar hasta que empiece a ablandar. Freír la longaniza, cortada en trozos grandes y reservar.

A continuación, poner en la olla del pollo, la mitad de la auyama, para que se cocine más que el resto y se desbarate, y cuando esté tierna, añadir a la olla todos los ingredientes restantes, excepto el vinagre. Cocinar todo junto hasta que esté en su punto. Rectificar la sazón y casi al final, para no oscurecer el sancocho, añadir el vinagre. Servir bien caliente.

1. Cocinar el pollo con las verduras picadas y reservar.

2. Cortar la tocineta en trozos y sofreír.

3. Añadir al pollo las verduras cortadas en trozos.

4. Incorporar los ingredientes restantes y terminar de cocinar.

Bocadillos de yuca y queso

Ingredientes para 14 unidades:

1 1/2 lb de yuca pelada y cortada en trozos

4 cucharadas de queso fresco rallado

1/2 cucharadita de polvo de hornear

1 cucharada de harina de trigo

1 huevo, separada la yema de la clara

Sal

Aceite para freír

Cocinar la yuca en agua con sal hasta que esté tierna. Escurrir y aplastarla hasta formar un puré.

A continuación, incorporar al puré de yuca obtenido el queso fresco rallado, el polvo de hornear, la cucharada de harina de trigo y la yema de huevo. Salar y mezclar todo bien hasta que el preparado esté suficientemente suave y homogéneo.

Seguidamente, batir la clara a punto de nieve y mezclar con movimientos envolventes.

Por último, calentar abundante aceite en una sartén al fuego y freír pequeñas porciones del preparado, hasta que estén doraditas. Dejar escurrir sobre servilletas de papel para que absorban el exceso de grasa, y servir.

1. Cocinar la yuca en agua con sal, escurrir y triturar hasta formar un puré.

2. Añadir el queso, el polvo de hornear, la harina y la yema, y mezclar todo bien.

3. Batir la clara de huevo a punto de nieve y mezclar con el preparado anterior.

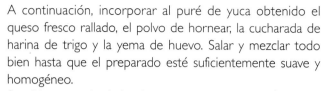

4. Freír en aceite caliente pequeñas porciones del preparado, hasta que estén doraditas.

— Ajiaco a la marinera —

Ingredientes para 10 personas:

1 cabeza de pescado
5 l de agua
2 mazorcas de maíz tierno, troceadas
1/2 lb de arracacha amarilla (malanga), troceada
2 plátanos verdes, troceados
1 limón
1 lb de yuca pelada y troceada
1 lb de boniatos pelados y troceados
1/2 taza de aceite
1/2 lb de camarones pelados
1/2 lb de pescado (corvina, bagre, etc.)
1 cebolla, finamente picada
2 dientes de ajo prensados
1 ají grande cortado en tiritas finas
1 taza de tomates triturados
1/2 lb de arracacha (malanga) blanca pelada y troceada
1/2 lb de ñame, pelado y troceado
1/2 lb de auyama (calabaza) pelada y troceada
2 plátanos maduros, pelados y troceados
Una pizca de comino en polvo
Una pizca de orégano en polvo
Albóndigas de maíz
Sal

Poner en una olla grande la cabeza de pescado, el agua, el maíz, la arracacha amarilla, los plátanos verdes frotados con limón para que no ennegrezcan, la yuca y los boniatos, y cocinar.

Calentar el aceite en una sartén al fuego y sofreír los camarones y el pescado, limpio y cortado en trozos. Retirarlos y en el mismo aceite, sofreír la cebolla, los ajos y el ají. Cuando la cebolla esté transparente, añadir el tomate y cocinar durante 5 minutos.

A continuación, retirar la cabeza de pescado del caldo, limpiar bien todas las espinas y volver a poner en el caldo la carne que haya podido sacar. Incorporar a la cazuela el pescado y los camarones, el sofrito, la arracacha blanca, el ñame, la auyama y los plátanos, previamente frotados con limón. Sazonar con sal, comino y orégano y añadir las albóndigas de maíz. Tapar la olla y cocinar lentamente durante aproximadamente 1 hora.

Diez minutos antes de servir, retirar unos trozos de arracacha y auyama, aplastarlos con un tenedor e incorporar el puré de nuevo a la olla, para espesar el caldo. Servir bien caliente.

1. Cocinar el pescado, el maíz, la arracacha amarilla, los plátanos, la yuca y el boniato.

2. Freír ligeramente el pescado y los camarones. Preparar un sofrito.

3. Agregar los pescados a la olla junto con las verduras restantes y el sofrito.

4. Sazonar con sal, comino y orégano, e incorporar las albóndigas de maíz.

5. Aplastar con un tenedor un poco de arracacha y auyama y con este puré espesar el caldo.

— Arroz con pollo —

Ingredientes para 6 personas:

2 tazas de arroz
1 pollo cortado en presas
2 dientes de ajo picados
1 cebolla finamente picada
2 cucharadas de aceite
1/4 cucharada de color (achiote)
2 tomates en rodajas
2 zanahorias en rodajas
1 ramita de apio
1 cucharada de cilantro (culantro)
1 taza de arvejas
1 pimentón (pimiento) verde, cortado en tiras
12 aceitunas
Sal

Calentar 1 cucharada de aceite en una olla al fuego, agregar los ajos y la cebolla y rehogar hasta que esta última esté transparente.

A continuación, añadir el pollo y el color y freír hasta que el pollo esté bien dorado. Agregar 2 tazas de agua, los tomates, las zanahorias, el apio, el cilantro, las arvejas y dos o tres tiras de pimentón. Salar, tapar la olla y cocinar durante 20 minutos.

Seguidamente, retirar el pollo, deshuesarlo y volverlo a poner en la olla.

Con los huesos del pollo y 2 tazas de agua, preparar un caldo en otro recipiente.

Calentar el aceite restante en una sartén y rehogar el pimentón. Añadir el arroz y freírlo ligeramente.

Por último, incorporar a la olla el arroz con pimentón. Agregar las aceitunas y el caldo preparado anteriormente con los huesos de pollo, tapar y cocinar hasta que todo esté en su punto.

2. Agregar el pollo cortado en presas y el color y freír hasta que el pollo esté bien dorado.

3. Incorporar las verduras y 2 tazas de agua. Tapar y cocinar durante 20 minutos.

1. Rehogar en una olla la cebolla y los ajos hasta que estén transparentes.

4. Mientras tanto, rehogar el pimentón, añadir el arroz, sofreír ligeramente, incorporar todo a la olla y terminar la cocción.

Arroz con pescado y cerveza

Ingredientes para 6 personas:

1 lb de pescado sabroso limpio
El jugo de 1 limón
2 cucharadas de aceite
1 cebolla picada
1 tomate picado
1 pimentón (pimiento) verde, picado
1 cucharadita de ají molido
2 cucharadas de salsa de tomate
1 cucharadita de color (bijol)
1 hoja de laurel

1 copa de vino seco
1 botellín de cerveza
4 tazas de caldo de pescado
2 tazas de arroz
Sal

Cortar el pescado en trozos no muy grandes. Rociar con el jugo de limón, salar y dejar reposar 10 minutos.

A continuación, calentar el aceite en una sartén o paella y sofreír el pescado. Añadir la cebolla, el tomate y el pimentón y rehogar durante unos minutos. Agregar el ají y revolver.

Incorporar la salsa de tomate, el color, el laurel, el vino, la cerveza y el caldo de pescado, y rectificar la sazón. Por último, cuando el preparado anterior rompa a hervir, añadir el arroz y cocinar hasta que éste esté en su punto y haya absorbido el líquido. Dejar reposar unos minutos y servir.

1. Cortar en trozos el pescado y dejar macerar unos minutos con sal y jugo de limón.

2. Sofreír el pescado, agregar la cebolla, el tomate y el pimentón y rehogar unos minutos.

3. Añadir todos los ingredientes restantes, excepto el arroz y dejar que rompa a hervir.

4. Incorporar el arroz y cocinar hasta que éste esté en su punto y haya absorbido todo el líquido.

— Nacatamal —

Ingredientes para 10-12 tamales:

Para la masa:

2 lb de maíz
2 cucharadas de cal
1/2 lb de manteca de cerdo
1 taza de caldo
Sal

Para el relleno:

4 cucharadas de manteca
2 dientes de ajo machacados
1 cebolla rallada
1 pimentón (pimiento) rojo, picado
1 pimentón (pimiento) verde, picado
1 cucharadita de perejil fresco, picado
2 tomates pelados y picados
1 cucharadita de color (azafrán)
1 lb de carne de cerdo, cocida y cortada en trocitos
1 pechuga de pollo cocida y cortada en trocitos
1/2 taza de garbanzos cocidos
4 cucharadas de alcaparras
2 papas cortadas en cubitos y cocidas
12 aceitunas rellenas
1 taza de caldo de carne
1/2 taza de arroz cocido
Sal y pimienta
10-12 trozos grandes de hojas de plátano, para armar los tamales

Poner la cal 3 días antes de preparar los tamales, junto con el maíz, en agua hirviendo, y cocinar a fuego bajo hasta que se desprenda la piel del grano. Retirar del fuego, dejar enfriar y friccionar el maíz con las manos para que se pele. Enjuagar con agua fría 5 veces hasta que desaparezca la cáscara y dejar reposar en un recipiente, siempre cubierto con agua, durante 3 días, cambiando el agua cada día.

Pasados los 3 días, moler el maíz, agregar la manteca y sal, y amasar, poniendo poco a poco el caldo, hasta que la masa esté suave y homogénea. Calentar la manteca y preparar un sofrito con los ajos, la cebolla, los pimentones, el perejil y los tomates, sazonándolo con el color, sal y pimienta.

Seguidamente, incorporar todos los ingredientes restantes, y cocinar durante unos minutos, hasta que el guiso se seque.

Mientras tanto, pasar por agua caliente las hojas de plátano para que se vuelvan más elásticas, cortarlas dándoles forma rectangular y secarlas.

Por último, poner un poco de masa sobre cada hoja. Sobre ésta, poner un par de cucharadas de relleno y tapar con otro poco de masa. Envolver bien para que queden herméticos, atar con bramante o hilo fuerte y cocinar en agua con sal durante 30 minutos. Retirar del agua y servir.

3. Añadir al sofrito todos los ingredientes restantes y cocinar.

1. Preparar la masa con el maíz molido, la manteca y el caldo.

2. Hacer un sofrito con ajos, cebolla, pimentones, perejil y tomate.

4. Preparar los tamales poniendo masa, relleno y finalmente masa.

5. Formar los paquetes, atar con bramante, y cocinar.

REPUBLICA DOMINICANA

Moro de habichuelas negras

Ingredientes para 6 personas:

I lb de frijoles (habichuelas) negros puestos en remojo el día anterior
I ramito de perejil
I ramito de cilantro (cilántrico)
I puerro
I hoja de laurel
3 cucharadas de aceite
2 tiras de tocineta, picadas
1/2 cebolla picada
I pimentón (ají) verde, en aros
2 dientes de ajo picados
I cucharadita de ají
3 tomates picados
1/2 cucharadita de orégano en polvo
I cucharadita de vinagre
2 tazas de arroz
Sal

Poner en una olla los frijoles con un ramillete formado por el perejil, el cilantro, el puerro y el laurel. Cubrir con abundante agua y cocinar hasta que estén casi tiernos.

Calentar el aceite en otra olla y sofreír la tocineta. Agregar la cebolla, el pimentón, los ajos y el ají y rehogar unos minutos. Incorporar los tomates y el orégano y cocinar todo junto unos minutos. Agregar el vinagre, incorporar los frijoles y su caldo, midiéndolo. Añadir agua suficiente para que en total sean 6 tazas de líquido y salar.

Por último, agregar el arroz, revolver y cocinar hasta que el arroz esté tierno. Servir acompañado de cebollas en aros.

1. Formar un ramillete con el perejil, el cilantro, el puerro y el laurel, y cocinar con los frijoles.

2. Sofreír la tocineta con la cebolla, el pimentón, los ajos, el ají, los tomates y el orégano.

3. Incorporar los frijoles cocinados y agua.

4. Añadir el arroz, revolver, y cocinar hasta que esté tierno.

56

— Bolas de espinacas —

Ingredientes para 6 personas:

2 tazas de espinacas cocidas, escurridas y picadas

2 cucharadas de margarina derretida

2 huevos

2 tazas de pan molido (rallado)

2 cucharadas de cebolla picada

2 cucharadas de queso de bola rallado

Nuez moscada

Sal y pimienta

Aceite para freír

Poner en un recipiente las espinacas picadas junto con la margarina, 1 huevo, 1 taza de pan molido, la cebolla y el queso. Sazonar con nuez moscada, sal y pimienta, y mezclar todo bien.

A continuación, formar unas bolas y pasarlas por pan molido, seguidamente por el huevo, previamente batido, y de nuevo por pan molido.

Por último, freír las bolas en abundante aceite caliente hasta que estén bien doradas y servir calientes decorándolas al gusto.

1. Poner las espinacas en un recipiente con la margarina, 1 huevo y 1 taza de pan molido.

2. Añadir el queso y la cebolla. Sazonar con nuez moscada, sal y pimienta, y mezclar.

3. Formar bolas y pasarlas por pan molido, a continuación por huevo batido y de nuevo por pan.

4. Calentar abundante aceite en una sartén al fuego, y freír las bolas hasta que estén bien doradas.

PANAMA

— Tortilla panameña —

Ingredientes para 4 personas:

2 riñones de cerdo
El jugo de 1 limón
2 cucharadas de manteca o aceite
3 cebollas medianas, finamente picadas
1/2 taza de vino blanco seco
6 huevos
2 lonchas de tocineta (tocino) ahumada cortadas en tiritas
Aceitunas verdes y negras para decorar
Pimienta
Sal

Cortar los riñones en trocitos, lavarlos bien, rociarlos con el jugo de limón, lavarlos de nuevo y escurrir.

A continuación, calentar la manteca en una sartén grande y rehogar la cebolla hasta que esté transparente. Añadir los riñones, tapar y cocinar durante 10 minutos.

Rociar con el vino, sazonar con sal y pimienta y cocinar 5 minutos más.

Batir las claras de los huevos a punto de nieve e incorporar las yemas mezclando. Sazonar con sal y pimienta.

Por último, calentar una cucharada de manteca en una sartén grande, verter el batido de huevos y cocinar a fuego bajo hasta que la tortilla esté cuajada por abajo. Poner los riñones cocinados en un lado y doblar por el centro. Añadir a la sartén las tiritas de tocineta e introducir en el horno, precalentado a 180° C (350° F), cocinando hasta que esté bien cuajada y la superficie dorada. Servir decorada con las aceitunas y acompañada con ensalada de tomate, o al gusto.

1. Cortar los riñones en trocitos y lavarlos bien.

2. Freír la cebolla hasta que esté transparente, añadir los riñones y cocinar.

3. Rociar con el vino y cocinar durante 5 minutos.

4. Batir las claras de los huevos a punto de nieve e incorporar las yemas, mezclando bien.

5. Cuajar la tortilla por abajo, poner el relleno y terminar de cuajar en el horno.

— Huevos rellenos de jamón —

Ingredientes para 4 personas:

6 huevos cocidos
2 cucharadas de queso cremoso, picado
150 g de jamón curado, picado
1 pepino encurtido, picado
1 cucharadita de mostaza
Sal
6-8 hojas de lechuga picadas
1 zanahoria cortada en tiras muy finas (en juliana)
2 cucharadas de aceite
50 g de aceitunas rellenas cortadas en lonchitas
2 pepinos encurtidos, cortados en láminas

Pelar los huevos una vez fríos, cortarlos por la mitad en sentido longitudinal, y extraer las yemas con cuidado de no romper las claras.

Poner en un recipiente la mitad de las yemas, el queso, el jamón curado picado, el pepino y la mostaza. Salar y mezclar todo bien, haciendo una pasta.

A continuación, rellenar las claras de huevo con la mezcla preparada.

Seguidamente, poner en una fuente de servir la lechuga picada y sobre ella, las tiritas de zanahoria.

Por último, colocar encima los huevos rellenos, rociar con el aceite y decorar con las aceitunas y los pepinos.

1. Cortar los huevos por la mitad en sentido longitudinal y extraer las yemas.

2. Mezclar la mitad de las yemas con el queso, el jamón, el pepino y la mostaza.

3. Rellenar las claras de los huevos cocidos con la mezcla previamente preparada.

4. Colocar los huevos sobre un lecho de lechuga y zanahoria y rociar con el aceite.

— Seviche —

Ingredientes para 2 personas:

10 ostras
1 cebolla finamente picada
1 diente de ajo, finamente picado
1 cucharada de hierbabuena picada
El jugo de 2 limones
Sal y pimienta

Lavar bien las ostras y abrirlas con mucho cuidado, retirar la carne y reservar las conchas.

A continuación, picarlas finamente y poner en un recipiente. Añadir la cebolla, el diente de ajo y la hierbabuena picada, rociar con el jugo de limón y mezclar todo bien.

Por último, llenar las conchas de las ostras con la mezcla preparada y servir.

1. Abrir las ostras con cuidado.

2. Picar la carne de las ostras.

3. Poner en un recipiente con los restantes ingredientes.

4. Llenar las conchas de las ostras con la mezcla y servir.

— Camarones Jamaica —

Ingredientes para 4 personas:

2 lb de camarones
1/4 taza de ron
4 cucharadas de miel de abejas
1/4 cucharadita de jengibre
Perejil fresco finamente picado
Sal

Pelar los camarones, limpiarlos, dejándoles la punta de la cola y colocarlos en un recipiente en una sola capa.

A continuación, mezclar en otro recipiente el ron junto con la miel, el jengibre y un poquito de sal. Batir bien la mezcla y verter sobre los camarones preparados. Introducir en el refrigerador y dejar macerar durante 2 horas. Por último, calentar la plancha al fuego y asar los camarones, untándolos con la marinada restante. Servir espolvoreados con perejil picado y acompañados con arroz blanco, o al gusto.

1. Pelar los camarones, limpiarlos y colocar en un recipiente.

2. Poner todos los ingredientes en un recipiente y mezclar bien.

3. Verter el preparado sobre los camarones y dejar reposar.

4. Asarlos en una plancha, untándolos con la marinada restante.

— Langosta rellena —

Ingredientes para 4 personas:

2 langostas de 2 lb cada una
1 compuesto de hierbas aromáticas (bouquet garni)
3 cucharadas de aceite
3 cebollines picados
3 cebollas pequeñas picadas
5 ramitas de perejil fresco, picado
1 ramita de tomillo fresco, picado
1 pimentón (pimiento) verde picado
350 g de champiñones picados
El jugo de un limón
6 cucharadas de salsa de curry
Sal y pimienta negra recién molida

Poner una olla al fuego con abundante agua, sal y el compuesto de hierbas. Cuando rompa a hervir, sumergir las langostas y cocinarlas durante 15 minutos. Retirar de la olla y dejar enfriar. Cortar las langostas por la mitad, en sentido longitudinal y extraer por un lado la cola y después toda la carne del cuerpo, cabeza y patas, desechando el intestino (filamento negro) y la vesícula. Tener mucho cuidado para que no se rompan los caparazones.

Seguidamente, preparar un sofrito con los cebollines, las cebollas, el perejil, el tomillo, el pimentón y los champiñones. Cuando todo esté bien tierno, sazonar con sal y pimienta, y agregar la carne de la langosta. Añadir el jugo de limón y la salsa de curry, y revolver todo bien.

Por último, rellenar los caparazones con la farsa preparada e introducir en el horno, con el broiler encendido, durante unos minutos, para que se dore la superficie. Retirar del horno, colocar sobre la superficie las colas reservadas, previamente cortadas en medallones, y servir.

1. Cocinar las langostas en agua hirviendo con el compuesto de hierbas y sal.

2. Cortar las langostas por la mitad y retirar las colas y la carne.

3. Preparar un sofrito con las hortalizas y las hierbas.

4. Agregar la carne de las langostas, el jugo de limón y la salsa de curry, y revolver todo bien.

5. Rellenar los caparazones, hornear, colocar las colas cortadas en medallones y servir.

— Pescado emperatriz —

Ingredientes para 6 personas:

1 pescado grande de 2 1/2 lb (pargo, lubina, etc.)
4 papas (patatas), peladas y troceadas
1/2 vaso de leche
6 cucharadas de mantequilla
2 cucharadas de aceite
1 cebolla grande, picada
1 latita de arvejas (guisantes) cocidas
1 cucharada de alcaparras
Sal

Lavar el pescado, cocinarlo en agua con sal, escurrirlo y retirar las pieles y espinas. Conservar la espina central y la cola. Desmenuzar la carne del pescado en un recipiente y reservar.

Cocinar las papas en agua con sal. Cuando esté tiernas, escurrirlas y hacerlas puré, añadiéndoles la leche y 2 cucharadas de mantequilla.

Seguidamente, calentar en una sartén la mantequilla restante junto con el aceite y sofreír la cebolla hasta que esté transparente.

Mezclar el pescado desmenuzado con el puré de papas y la cebolla frita, añadiendo un poco del caldo de cocinar el pescado, para que la mezcla quede homogénea.

Poner parte del preparado en una fuente, colocar la espina central, cubrirla con el preparado restante y darle la forma elegida. Decorar con las arvejas formando rombos y en el centro de cada rombo, poner una alcaparra, y servir caliente con salsa de tomate y lechuga o cebollín picados.

1. Cocinar el pescado, desechar la piel y espinas y desmenuzarlo.

2. Cocinar las papas y hacerlas puré, añadiendo la leche y mantequilla.

3. Sofreír la cebolla y añadirla al pescado junto con el puré de papas, y mezclar todo bien.

4. Poner parte del preparado en una fuente, colocar la espina central y cubrir con el preparado restante.

5. Darle la forma deseada y decorar con las arvejas formando rombos y las alcaparras.

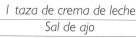

COSTA RICA

— Pescado con salsa negra —

Ingredientes para 4 personas:

8 filetes de corvina

4 dientes de ajo, majados

1 tomate picado

1 cebolla picada

2 cucharadas de cilantro (culantro) fresco, finamente picado

1/2 taza de vino blanco

Sal y pimienta

Para la salsa negra:

1/4 taza de aceite

2 dientes de ajo majados

2 puerros picados

2 tazas de fríjoles negros, cocinados y hechos puré

1/2 taza de vino blanco

1 taza de crema de leche

Sal de ajo

Sal y pimienta

Lavar los filetes de pescado, colocarlos en una fuente de horno, espolvorearlos con los ajos majados y sazonar con sal y pimienta. Cubrirlos con el tomate, la cebolla y el cilantro. Rociar con el vino e introducir en el horno, precalentado a 190° C (375° F) durante 15 minutos.

Mientras tanto, preparar la salsa. Calentar el aceite y rehogar los ajos y los puerros a fuego bajo hasta que estén transparentes. Añadir el puré de fríjoles y revolver. Incorporar el vino y la crema, sazonar con sal de ajo, sal y pimienta y cocinar hasta conseguir una consistencia mediana. Por último, servir el pescado con la salsa negra y decorado con maíz o al gusto.

1. Lavar los filetes de pescado y sazonarlos con los ajos majados, sal y pimienta.

2. Cubrir con el tomate, la cebolla y el cilantro. Rociar con el vino y hornear 15 minutos.

3. Rehogar los ajos y los puerros hasta que estén transparentes y añadir el puré de fríjoles.

4. Incorporar el vino y la crema, sazonar con sal de ajo, sal y pimienta y cocinar.

— Bacalao guisado —

Ingredientes para 4 personas:

1 lb de bacalao ya remojado
2 cebollas
2 cucharadas de aceite
1/2 taza de pasta de tomate
1 cucharadita de vinagre
1 lb de papas cocinadas
3 huevos duros
Sal
Perejil picado para decorar

Escurrir el bacalao, previamente remojado desde la noche anterior y desmenuzarlo. Reservar.

A continuación, pelar y cortar las cebollas en aros finos. Calentar el aceite en una sartén grande al fuego y rehogar ligeramente los aros de cebolla hasta que empiecen a dorarse.

Seguidamente, incorporar el bacalao desmenuzado, la pasta de tomate y el vinagre. Poner sobre la superficie las papas cocinadas y cortadas en rodajas gruesas y rociar con media taza de agua. Cocinar a fuego bajo durante 15 minutos.

Por último, incorporar los huevos duros pelados y cortados en rodajas, rectificar la sazón, si fuera necesario, y servir bien caliente, salpicado con el perejil picado.

1. Desmenuzar el bacalao, previamente desalado.

2. Pelar las cebollas y cortarlas en aros finos.

3. Sofreír las cebollas y añadir el bacalao, el tomate y el vinagre.

4. Agregar las papas en rodajas y el agua y cocinar 15 minutos.

— Serenata —

Ingredientes para 4 personas:

I lb de bacalao
I cebolla
2 tomates, rojos pero duros, cortados en rodajas
I 1/2 lb de auyama (calabaza) cocida con sal
Aceitunas rellenas al gusto
I aguacate

Para la salsa:

1/2 taza de aceite.
1/4 taza de vinagre
I cucharadita de sal
1/2 cucharadita de pimienta

Poner el bacalao el día anterior en remojo, cambiando el agua 2 ó 3 veces.

Al día siguiente, escurrir el bacalao y poner en una olla. Cubrirlo con agua limpia y cocinar unos minutos. Escurrir, desechar pieles y espinas y desmenuzarlo.

A continuación, cortar la cebolla y los tomates en rodajas. Cortar en gajos la auyama cocinada y colocar todo en una fuente, junto con el bacalao desmenuzado. Poner por encima las aceitunas y reservar.

Seguidamente, mezclar todos los ingredientes de la salsa en un recipiente, batiéndolos bien.

Por último, pelar y cortar en gajos el aguacate. Ponerlo en la fuente anteriormente preparada y rociar con la salsa.

1. Cocinar el bacalao unos minutos.

2. Cortar en rebanadas la cebolla y los tomates.

3. Colocar todas las verduras junto con el bacalao en una fuente y decorar con las aceitunas.

4. Poner de forma decorativa el aguacate y rociar todo con la salsa previamente preparada.

— Enrollado de atún —

Ingredientes para 6 personas:

Para la masa:

1 taza de harina de trigo
1/3 taza de margarina
1/4 taza de queso suave rallado
3 ó 4 cucharadas de agua helada
1/2 cucharadita de sal

Para el relleno:

2 cucharadas de mantequilla o margarina
2 cucharadas de cebolla finamente picada
1 cucharada de harina de trigo
1/4 taza de leche evaporada
Una pizca de mejorana
Una pizca de comino
Una pizca de pimienta
1 lata de atún en aceite
1/3 de taza de perejil fresco, finamente picado
1 huevo batido

Para la salsa:

1 taza de verduras mezcladas, picadas (arvejas (guisantes) habichuelas (judías verdes) zanahorias)
2 cucharadas de mantequilla
2 cucharadas de harina de trigo
3/4 taza de leche evaporada
1 3/4 tazas de agua
2 yemas de huevo
1 taza de queso suave rallado
Pimienta
Sal

Poner todos los ingredientes indicados para preparar la masa en un recipiente y trabajar con las manos hasta formar una masa suave y homogénea. Formar con la masa una bola y dejar reposar en un lugar fresco durante 30 minutos.

Mientras tanto, preparar el relleno. Derretir la mantequilla en una sartén al fuego, añadir la cebolla picada y rehogarla hasta que esté transparente. Agregar la harina, revolver con una cuchara de madera e incorporar la leche, la mejorana, el comino y sal y pimienta al gusto. Cocinar revolviendo hasta que ligue y apartar al fuego. Añadir el atún previamente escurrido y desmenuzado, el perejil finamente picado y el huevo batido, y revolver todo bien.

A continuación, extender la masa con ayuda de un rodillo, dándole forma alargada. Colocar el relleno en el centro de la masa y envolver, formando un paquete. Unir bien los bordes con agua, pegándolos para que no se salga el relleno. Colocar sobre una placa de horno, con el doblez hacia abajo, pintar la superficie con huevo batido, decorándola con los sobrantes de masa e introducir en el horno, precalentado a 190° C (375° F) durante 25 minutos.

Seguidamente, preparar la salsa. Cocinar las verduras en agua con sal y mientras tanto, calentar la mantequilla en una sartén al fuego. Añadir la harina, rehogarla ligeramente e incorporar la leche y el agua. Sazonar con sal y pimienta al gusto y cocinar a fuego bajo hasta que espese. Retirar del fuego, agregar las yemas de huevo y revolver.

Por último, añadir las verduras cocinadas y bien escurridas, y el queso. Rectificar la sazón, si fuera necesario, cocinar todo junto durante un par de minutos y servir acompañando el enrollado de atún.

2. Preparar el relleno cocinando todos los ingredientes indicados, retirar del fuego y dejar enfriar.

3. Extender la masa con el rodillo, colocar el relleno en el centro, cerrar formando un paquete y hornear.

1. Mezclar todos los ingredientes de la masa, formar una bola y dejar reposar unos 30 minutos.

4. Preparar la salsa cocinando las verduras y mezclando todos los ingredientes y servir con el enrollado.

— Mojo isleño —

Ingredientes para 6 personas:

2 1/2 lb de pescado (mero, pargo, corvina) cortado en rebanadas
Aceite para freír
1 diente de ajo picado
Sal

Para la salsa:

1/2 taza de aceite de oliva
1/2 taza de agua
2 cucharadas de alcaparras
2 cucharadas de vinagre
2 hojas de laurel
2 pimentones (pimientos morrones) rojos de lata, cortados en tiras

1 lata de tomate de 1 lb
1 lb de cebollas cortadas en aros
24 aceitunas rellenas
Sal

Poner todos los ingredientes de la salsa en una olla. Salar y cocinar a fuego bajo durante 1 hora. Cuando la salsa esté casi hecha, poner aceite en una sartén y, cuando esté caliente, freír el diente de ajo picado, hasta que esté dorado.

A continuación, retirar el ajo, salar las rebanadas de pescado y freírlas hasta que estén doradas por ambos lados.

Seguidamente, retirar el pescado de la sartén y ponerlo en una fuente de servir.

Por último, cuando la salsa esté lista, verterla sobre el pescado y servir caliente.

1. Cocinar todos los ingredientes de la salsa durante 1 hora.

2. Freír el diente de ajo para que el aceite tome el sabor.

3. Retirar el ajo y freír las rebanadas de pescado.

4. Verter la salsa preparada sobre el pescado frito y servir.

— Hervido de pescado —

Ingredientes para 6 personas:

1 lb de papas, peladas y cortadas en trozos
1 rama de apio
1/2 lb de ñame, pelado y cortado en trozos
1/2 lb de auyama (ayote), cortada en trozos
1/2 lb de batata (camote) pelada y cortada en trozos
2 plátanos pintones, pelados y cortados en trozos

Aceite para freír
2 1/2 lb de pargo en rebanadas
1 cebolla picada
1 ají (chile) dulce
2 tomates picados
Sal y pimienta

Cocinar todas las verduras en una olla con agua hirviendo con sal, hasta que estén tiernas.

Mientras tanto, freír las rebanadas de pescado en aceite bien caliente. Retirarlas con ayuda de una espumadera y reservar.

A continuación, poner 3 cucharadas del aceite de freír el pescado en una sartén y preparar un sofrito con la cebolla, el ají y los tomates.

Seguidamente, cuando las verduras estén casi tiernas, añadir el sofrito a la olla y cocinar durante 10 minutos.

Por último, incorporar a la olla las rebanadas de pescado, dejar que dé todo un ligero hervor y servir.

1. Cocinar todas las verduras en agua con sal, hasta que estén bien tiernas.

2. Freír las rebanadas de pescado en aceite bien caliente y reservar. Preparar un sofrito.

3. Añadir el sofrito a la olla y cocinar todo junto durante unos 10 minutos.

4. Incorporar las rebanadas de pescado, dejar que dé todo un hervor y servir.

— Pollo al limón —

Ingredientes para 4 personas:

1 pollo de 3 lb cortado en presas
1 limón verde cortado en gajos
1 pimentón (pimiento) verde finamente picado
8 dientes de ajo, finamente picados
El jugo de 3 limones
2 cucharadas de ron
3 cucharadas de aceite
3 cebollas medianas, cortadas en aros finos
2 ramitas de perejil fresco, finamente picado

1 ramita de tomillo
1/2 vaso de agua
Pimienta
Sal

Poner las presas de pollo en una fuente y frotarlas con el limón cortado en gajos.

A continuación, poner en un recipiente el pimentón junto con los dientes de ajo, el jugo de los limones, el ron y sal y pimienta. Rociar con este preparado el pollo y dejar marinar durante 3 horas, dando la vuelta a las presas, 2 ó 3 veces.

Seguidamente, retirar el pollo de la marinada, limpiándolo bien, y dorarlo en una olla con el aceite caliente. Cuando todas las presas estén doradas, agregar la cebolla, el perejil y el tomillo. Cocinar 4 ó 5 minutos, revolviendo todo bien e incorporar a la olla la marinada y el agua.

Por último, cocinar a fuego bajo durante 25 minutos o hasta que el pollo esté tierno. Rectificar la sazón y servir.

1. Colocar las presas de pollo en una fuente y frotarlas bien con el limón cortado en gajos.

2. Mezclar el pimentón con los ajos, el jugo de limón y el ron, sazonar, rociar el pollo con este preparado y marinar 3 horas.

3. Dorar el pollo, añadir la cebolla, el perejil y el tomillo y cocinar.

4. Incorporar la marinada y el agua y cocinar 25 minutos.

— Pato borracho —

Ingredientes para 6 personas:

I pato
4 cucharadas de aceite
2 cucharadas de mantequilla
I diente de ajo machacado
2 cebollas picadas
4 tomates pelados y picados
I cucharada de perejil fresco, picado
1/2 taza de vino blanco seco
I cubito de caldo de pollo
I taza de agua hirviendo
Sal y pimienta

Lavar bien el pato por dentro y por fuera, secarlo y sazonar con sal y pimienta.

A continuación, calentar el aceite y la mantequilla en una olla al fuego y dorar el pato por todos los lados. Retirarlo y reservar.

Seguidamente, en la misma olla sofreír el ajo, las cebollas y los tomates. Cuando esté todo bien frito, añadir el perejil, y el pato. Rociar con el vino, agregar el cubito de caldo y el agua y cocinar hasta que el pato esté tierno.

Por último, pasar la salsa por un pasapuré y servir el pato acompañado de verduras variadas al gusto y la salsa en salsera aparte.

1. Lavar y secar el pato, y sazonar con sal y pimienta.

2. Calentar el aceite y la mantequilla en una olla y dorar el pato.

3. En la misma grasa de la olla, preparar un sofrito con la cebolla, el ajo y los tomates.

4. Añadir los restantes ingredientes, junto con el pato, y cocinar hasta que éste esté tierno.

— Pollo encebollado —

Ingredientes para 4 personas:

1 pollo de aproximadamente 3 1/2 lb, cortado en presas
2 dientes de ajo picados
2 cucharadas de perejil fresco, finamente picado
4 cucharadas de aceite
2 cucharadas de vinagre
1 cucharadita de orégano
2 hojas de laurel
1 lb de cebollas cortadas en aros
2 lb de papas pequeñas, peladas
1/2 taza de caldo de pollo
4 cucharadas de mantequilla
Sal y pimienta

Lavar bien las presas de pollo, secarlas con un paño de cocina y poner en una fuente. Mezclar en un recipiente los ajos junto con el perejil, el aceite, el vinagre y el orégano. Sazonar con sal y pimienta, cubrir el pollo con este preparado y dejarlo macerar durante 30 minutos.

A continuación, colocar el pollo junto con su adobo en una olla. Añadir el laurel y la cebolla y poner a fuego fuerte hasta que comience a hervir. Bajar el fuego, tapar y cocinar a fuego bajo durante 20 minutos.

Agregar las papas y el caldo. Rectificar la sazón y cocinar hasta que el pollo y las papas estén tiernos.

Por último, incorporar la mantequilla, cocinar unos 5 minutos, apartar del fuego y servir.

1. Lavar y secar el pollo y cubrir con un preparado de ajo, perejil, aceite, vinagre, sal y pimienta.

2. Poner el pollo con su adobo en una olla, añadir el laurel y la cebolla y cocinar 20 minutos.

3. Agregar las papas peladas y el caldo. Rectificar la sazón y terminar la cocción.

4. Incorporar la mantequilla, cocinar durante 5 minutos, retirar del fuego y servir.

— Pavo relleno panameño —

Ingredientes para 8 personas:

1 pavo de 6 ó 7 lb
6 dientes de ajo machacados
1 cucharada de orégano
El jugo de 2 limones
Sal

Para el relleno:

2 cucharadas de manteca
1/2 cebolla picada
1 diente de ajo picado
2 cucharadas de ajíes verdes, picados
1/2 lb de carne molida de cerdo
1 copa de vino dulce
1/2 cucharadita de orégano
2 cucharadas de salsa de tomate
1 huevo duro, picado

2 cucharadas de pasas sin semillas
10 aceitunas sin hueso
2 cucharadas de alcaparras
3 cucharadas de mantequilla
1 cucharada de mostaza
Pimienta
Sal

Lavar y secar el pavo. Preparar una mezcla con los ajos, el orégano, el jugo de limón y sal, y untar el pavo por dentro y por fuera.

A continuación, derretir la manteca en una sartén y freír la cebolla y el ajo, añadir el ají y sofreír durante 2 minutos. Incorporar la carne, sofreír ligeramente y cuando esté suelta, agregar el vino, el orégano, la salsa de tomate y sal. Cocinar todo junto durante 5 minutos.

Seguidamente, incorporar el huevo picado, las pasas, las aceitunas y las alcaparras, y freír todo junto, sin dejar de revolver, durante 2 minutos.

Por último, rellenar el pavo con la mezcla preparada y coser bien la abertura para que el relleno no se salga. Colocarlo en una fuente de horno, atar las patas y untar la superficie del pavo con la mantequilla y la mostaza. Introducir en el horno, precalentado a 180° C (350° F) durante 3 horas, regándolo a menudo con la salsa.

1. Rociar el pavo bien limpio con una mezcla de ajos, orégano, jugo de limón y sal.

2. Freír la cebolla y los ajos. Añadir los ajíes, cocinar y agregar la carne y el vino.

3. Incorporar los ingredientes restantes, excepto la mantequilla y la mostaza.

4. Rellenar el pavo, coserlo, atarlo, untar con la mantequilla y la mostaza y hornear.

— Gallina de chinamo —

Ingredientes para 8 personas:

1 gallina grande, cortada en 8 presas
5 cucharadas de aceite
2 hojas de laurel
Una pizca de nuez moscada
1 zanahoria grande en rebanadas
1 chayote partido en trozos
50 g de pasas
3 cucharadas de mantequilla
2 cucharadas de harina de trigo, dorada
1 copa de vino dulce
Ají en polvo, al gusto
Azúcar al gusto
2 cucharadas de alcaparras
2 cucharadas de salsa inglesa
1 lb de papas en rebanadas
Pimienta
Sal

Sazonar la gallina con sal y pimienta. Calentar el aceite en una olla al fuego y dorar las presas de gallina.

A continuación, cubrir con agua, añadir el laurel, la nuez moscada y la zanahoria. Tapar y cocinar hasta que esta última esté tierna.

Seguidamente incorporar el chayote y las pasas y continuar la cocción hasta que el chayote comience a ablandar.

Por último, mezclar la mantequilla con la harina e incorporar a la olla junto con el vino, el ají, el azúcar, la salsa inglesa, las alcaparras y las papas. Rectificar la sazón y cocinar hasta que todo esté tierno.

1. Dorar las presas de gallina, previamente sazonadas.

2. Cubrir con agua, añadir el laurel y la zanahoria y cocinar.

3. Incorporar las pasas y el chayote y cocinar hasta que el chayote comience a ablandar.

4. Agregar todos los ingredientes restantes, rectificar la sazón y cocinar hasta que todo esté en su punto.

— Pastel de pollo —

Ingredientes para 6 personas:

2 pechugas de pollo, cocinadas
150 g de jamón picado
4 huevos
1 taza de crema de leche
1 cucharada de mantequilla
Pan molido
Sal y pimienta

Para la salsa:

1 cucharada de mantequilla
2 cucharadas de cebolla picada
1 cucharada de harina de trigo
1 taza de leche

100 g de queso Gruyere molido
Nuez moscada
Sal y pimienta

Poner las pechugas cocinadas y el jamón en la licuadora y moler para que queden muy triturados. Verter en un recipiente y añadir los huevos, previamente batidos, y la crema de leche. Sazonar con sal y pimienta y reservar. A continuación, engrasar un molde rectangular con la mantequilla, espolvorearlo con el pan molido y verter en él la mezcla. Cocinar al baño María en el horno, precalentado a 180° C (350° F), durante 1 1/2 horas, hasta que esté bien cuajado.

Mientras tanto, preparar la salsa. Calentar la mantequilla en una sartén al fuego y rehogar la cebolla. Añadir la harina, dorarla ligeramente e incorporar, poco a poco, la leche, sin dejar de revolver. Agregar el queso, la nuez moscada y sal y pimienta y cocinar hasta que espese.

Por último, desmoldar el pastel sobre una fuente de servir. Rodearlo con la salsa y decorar al gusto.

1. Mezclar las pechugas y el jamón molidos con los huevos y la crema de leche.

2. Engrasar un molde rectangular con la mantequilla y espolvorearlo con pan molido.

3. Verter la mezcla en el molde engrasado.

4. Cocinar todos los ingredientes de la salsa y servir con el pastel.

Pollo con piña a la antigua

Ingredientes para 6 personas:

1 pollo grande, cortado en presas
1 cebolla picada
3 tomates pelados y picados
1 hoja de laurel
2 dientes de ajo picados
2 clavos de olor
1 astilla de canela
1 cucharadita de orégano
1 lima troceada
El jugo de 2 limas

1 piña natural o 1 lata de piña sin azúcar
3 cucharadas de ron medio
Pimienta
Sal

Lavar las presas de pollo, secarlas y colocarlas en una olla de fondo grueso. Incorporar a la olla la cebolla, los tomates, el laurel, los dientes de ajo, los clavos de olor, la canela y el orégano. Sazonar con sal y pimienta, rociar con el jugo de lima y añadir la lima cortada en gajos.

Cortar la piña en cubitos e incorporarlos a la olla. Agregar el jugo de la lata o agua hasta cubrir los ingredientes, si se utiliza piña fresca.

Por último, rociar con el ron, tapar la olla y cocinar a fuego bajo, hasta que el pollo esté tierno. Servir con arroz blanco.

1. Lavar y secar el pollo, y ponerlo en una olla de fondo grueso.

2. Añadir la cebolla, el tomate, el laurel, los ajos, la canela y el orégano.

3. Agregar la lima, el jugo de lima y sazonar con sal y pimienta.

4. Incorporar la piña troceada y su jugo o agua y cocinar.

— Pollo en vino a la criolla —

Ingredientes para 4 personas:

I pollo cortado en presas
4 granos de pimienta
I 1/2 cucharaditas de orégano seco
3 dientes de ajo
2 cucharaditas de aceite
I cucharadita de vinagre
4 cucharadas de mantequilla
3 hojas de laurel
I0 aceitunas rellenas de pimentón
I cucharadita de alcaparras
I lb de cebollitas pequeñas
I 1/2 lb de papas pequeñas, peladas
I taza de agua
I 1/2 tazas de vino blanco
1/2 taza de azúcar
I0 ciruelas secas, sin semillas
2 cucharadas de pasas
I lata de pimentones rojos (pimiento morrón)
2 cucharadas de fécula de maíz
Sal y pimienta

2. Calentar la mantequilla en una olla y freír las presas de pollo hasta que estén doradas.

Lavar el pollo y poner en un recipiente. Machacar en el mortero la pimienta, el orégano, los ajos y sal, mezclar con el aceite y el vinagre y rociar el pollo con esta mezcla.

Derretir la mantequilla en una olla y dorar el pollo. Agregar el laurel, las aceitunas, las alcaparras, las cebollitas, las papas y el agua, tapar y cocinar a fuego bajo durante 30 minutos.

Por último, añadir todos los ingredientes restantes, excepto la fécula de maíz, sazonar con sal y pimienta y cocinar otros 30 minutos. Espesar la salsa con la fécula de maíz, disuelta en un poquito del líquido de la olla y cocinar unos minutos para que la salsa tome consistencia.

3. Agregar el laurel, las aceitunas, las alcaparras, las cebollitas, las papas y el agua, y cocinar.

I. Adobar el pollo con la pimienta, el orégano, los ajos, el aceite, el vinagre y sal.

4. Incorporar los ingredientes restantes, cocinar y finalmente espesar la salsa con la fécula de maíz.

EL SALVADOR

— Rollo de carne relleno —

Ingredientes para 6 personas:

2 lb de sobrebarriga
1/2 lb de arroz
1/2 lb de carne molida de cerdo
1 cebolla picada
2 dientes de ajo machacados
4 cucharadas de aceite
2 cucharadas de perejil fresco, picado
1 cucharadita de comino en polvo
1 tomate grande picado
Sal y pimienta

Lavar el arroz, escurrirlo bien y mezclarlo con la carne molida, la mitad de la cebolla, 1 diente de ajo, 1 cucharada de aceite, el perejil, el comino y sal y pimienta al gusto.

A continuación, extender la sobrebarriga sobre la mesa y sazonarla con sal y pimienta por ambos lados. Cubrir la carne con una capa del relleno preparado, distribuyéndolo bien y enrollar la sobrebarriga. Atarla bien y

coser los extremos para que no se salga el relleno.

Por último, calentar el aceite restante y dorar el rollo de carne por todos los lados. Añadir la cebolla y el ajo restantes, y el tomate. Cubrir con agua, salar ligeramente y cocinar a fuego bajo hasta que la carne esté bien tierna. Dejar enfriar y servir en lonchas finas, acompañado de ensaladilla rusa o ensalada.

1. Mezclar el arroz con la carne, cebolla, ajo, aceite, perejil, comino, sal y pimienta.

2. Extender la sobrebarriga sobre la mesa y sazonar con sal y pimienta.

3. Extender el relleno sobre la sobrebarriga, en una capa uniforme, y enrollar.

4. Atar bien el rollo de carne de manera que no se salga el relleno y dorarlo en una olla con el aceite caliente.

5. Añadir los ingredientes restantes y cocinar hasta que la carne esté tierna.

— Carne en jocón —

Ingredientes para 6 personas:

4 cucharadas de aceite

1 cebolla mediana picada

2 dientes de ajo picados

1 pimentón (pimiento) rojo, cortado en trozos

1 pimentón (pimiento) verde, cortado en trozos

3 1/2 lb de carne magra, cortada en cubitos

1 lata de 1/2 lb de tomates verdes, con su jugo

4 tomates pelados y cortados en trozos

1 hoja de laurel

2 clavos de olor

1/2 cucharadita de orégano

1/2 taza de caldo de carne

2 cucharadas de masa o fécula de maíz

Pimienta

Sal

Calentar el aceite en una olla y rehogar la cebolla, los ajos y los pimentones, hasta que la cebolla esté tierna.

A continuación, añadir la carne y todos los ingredientes restantes, excepto la masa de maíz, y revolver.

Seguidamente, tapar y cocinar a fuego bajo hasta que la carne esté tierna.

Por último, diluir la masa o fécula de maíz en un poquito de agua, añadirla a la olla y cocinar hasta que la salsa esté ligada y espesita, y servir con arroz blanco.

1. Sofreír la cebolla junto con los ajos y los pimentones.

2. Añadir la carne junto con los ingredientes restantes y cocinar.

3. Diluir la masa o fécula de maíz en un poquito de agua.

4. Añadir a la olla y cocinar hasta que la salsa espese ligeramente.

— Cuchifrito —

Ingredientes para 6 personas:

1 asadura de cerdo (puerco) (riñones, hígado, corazón,...)
4 tomates pelados y picados
2 cebollas picadas
4 ajíes picados
2 dientes de ajo machacados
2 cucharadas de miel
Pimienta
Sal

Lavar bien la asadura, y cortarla en trozos pequeños pero no demasiado.

A continuación, poner la asadura troceada en una olla al fuego. Cubrirla con agua y cocinar hasta que esté tierna. Seguidamente, escurrir el exceso de caldo y agregar los tomates, las cebollas, los ajíes y los ajos. Sazonar con sal y pimienta, añadir la miel, tapar y cocinar a fuego bajo, hasta que la salsa esté bien espesa. Servir bien caliente con arroz blanco.

1. Lavar y cortar en trocitos la asadura.

2. Cocinarla en una olla con agua hasta que esté tierna.

3. Retirar el caldo y añadir los tomates, las cebollas, los ajíes, los ajos y sal y pimienta.

4. Incorporar la miel, tapar el recipiente y cocinar hasta que la salsa esté espesa.

— Colombo de cabrito —

Ingredientes para 6 personas:

3 1/2 lb de cabrito cortado en trozos

2 limones verdes, cortados en trozos pequeños

9 dientes de ajo

5 cucharadas de aceite

3 cucharadas de vinagre

2 pimentones verdes picados

1 berenjena mediana, pelada y cortada en trozos

1 calabacita (calabacín) mediana, pelada y cortada en trozos

6 papas pequeñas, peladas y cortadas en trozos

3 ramitas de perejil fresco, picado

1 ramita de tomillo

3 cucharadas de polvo de colombo*

El jugo de un limón

Pimienta

Sal

Arroz blanco para acompañar

Poner la carne con los limones en un recipiente y dejar reposar unos minutos. Enjuagar en agua fría y escurrir. Mezclar en un recipiente 6 dientes de ajo muy picados, junto con el aceite y el vinagre, y rociar este adobo sobre la carne. Dejar reposar 30 minutos. Calentar el aceite restante en una olla y dorar 2 dientes de ajo picados. Dorar la carne junto con 1 pimentón picado, rociar con un poco de agua y cocinar lentamente durante 15 minutos. Agregar todos los ingredientes restantes excepto el jugo de limón y

el polvo de colombo, y cocinar lentamente otros 15 minutos.

Mientras tanto, disolver el polvo de colombo en una taza de agua. Filtrar y reservar.

Por último, retirar las hortalizas de la olla y agregar el líquido filtrado y 1 taza más de agua y cocinar 10 minutos. Incorporar de nuevo las hortalizas, revolver y cocinar 15 minutos más. Añadir el jugo de limón, revolver y cocinar 5 minutos.

* El colombo es una especie de curry hecho a base de jengibre, clavos de olor, cúrcuma, comino, cilantro desecado, guindilla de Jamaica y pimienta. Puede sustituirse por curry.

1. Dejar reposar el cabrito con los limones unos minutos.

2. Cubrir la carne con un adobo de ajo, aceite y vinagre.

3. Dorar la carne con un pimentón, agregar el agua y cocinar.

4. Añadir los ingredientes restantes y terminar la cocción.

Chuletas de cerdo con frutas

Ingredientes para 4 personas:

125 g de ciruelas secas sin hueso

125 g de albaricoques secos

125 g de peras secas

4 chuletas de cerdo

2 cucharadas de aceite

1 diente de ajo picado

1 cebolla mediana, picada

1 taza de caldo de pollo

1 taza de vino blanco

Sal y pimienta

Arroz blanco para acompañar

Colocar los frutos secos en un recipiente, cubrirlos con agua y dejar en remojo durante 30 minutos.

A continuación, sazonar las chuletas con sal y pimienta. Calentar el aceite en una sartén y dorarlas bien por ambos lados. Retirar de la sartén y reservar calientes.

Seguidamente, en el mismo aceite de freír las chuletas, rehogar el ajo y la cebolla hasta que ésta esté transparente.

Por último, pasar la cebolla y el ajo a un recipiente más profundo y añadir las chuletas. Escurrir las frutas e incorporarlas al recipiente junto con el caldo y el vino, y cocinar a fuego moderado hasta que todo esté en su punto. Servir con arroz blanco.

1. Poner las frutas, cubiertas con agua, en remojo 30 minutos.

2. Sazonar las chuletas y dorarlas en el aceite caliente. Reservar.

3. Rehogar el ajo y la cebolla. Incorporar las chuletas.

4. Agregar las frutas escurridas, añadir el caldo y el vino y cocinar.

— Riñones guisados —

Ingredientes para 4 personas:

1 riñón de res de 2 lb
El jugo de 1 limón
100 g de tocineta (tocino) picada
100 g de jamón picado
1 pimentón (pimiento) verde, muy picado
2 ajíes dulces picados
1 cebolla picada
1 tomate picado
1 diente de ajo picado
Unas hojitas de cilantro (culantro) picadas
1 cucharadita de orégano
1/2 taza de salsa de tomate
2 cucharadas de alcaparras
100 g de aceitunas rellenas
1 lb de papas peladas y cortadas en cubitos
1/2 taza de caldo
Sal

Lavar bien el riñón, ponerlo en una olla al fuego, cubrir con agua y cocinar durante 5 minutos. Transcurrido el tiempo de cocinado indicado, escurrir el riñón y cortar en cubitos. Rociar con el jugo de limón y reservar.

A continuación, saltear la tocineta y el jamón en una sartén. Agregar el pimentón, los ajíes, la cebolla, el tomate, el ajo y el cilantro y cocinar todo junto durante 10 minutos.

Seguidamente, incorporar el riñón cortado en cubitos y revolver bien.

Por último, incorporar los ingredientes restantes, rociar con el caldo, salar, tapar la sartén y cocinar a fuego bajo hasta que las papas estén tiernas.

1. Cocinar el riñón en agua durante 5 minutos, escurrir y cortar en cubitos.

2. Saltear el jamón y la tocineta, añadir el pimentón, ajíes, cebolla, tomate, ajo y cilantro y cocinar.

3. Incorporar a la sartén el riñón cortado en cubitos, y revolver bien, con una cuchara de madera.

4. Agregar los ingredientes restantes, rociar con el caldo y cocinar 20 minutos.

— Carne en vaho —

Ingredientes para 6 personas:

3 lb de carne de res, para guisar, cortada en cubitos
3 plátanos maduros sin pelar
3 plátanos verdes pelados
1 yuca grande cortada en trozos
12 chorizos pequeños
Sal
Hojas de plátano

Para la salsa de chile:

2 tomates finamente picados
1 cebolla finamente picada
1 pimentón (chiltoma) picado
El jugo de 1 naranja agria
2 cucharadas de vinagre
5 cucharadas de agua
Sal y ají (chile) al gusto

Lavar unas hojas de plátano, secar y poner sobre ellas la carne. Salar, formar un paquete y dejar macerar en el refrigerador durante 24 horas.

Al día siguiente, colocar una rejilla en una olla honda. Añadir agua, sin sobrepasar la rejilla y poner sobre ésta unas hojas de plátano. Colocar sobre las hojas los plátanos y sobre estos, el paquete con la carne. Sobre éste poner la yuca, salarla y cubrir con más hojas de plátano.

Seguidamente, tapar la olla herméticamente para que no escape el vapor, y cocinar durante 3 horas.

Por último, destapar, colocar sobre las hojas los chorizos, tapar de nuevo y cocinar 1 hora más.

Mientras tanto, mezclar en un recipiente todos los ingredientes de la salsa y revolver todo bien.

Servir con arroz blanco y con la salsa en salsera aparte.

1. Poner la carne sobre hojas de plátano, salar, hacer un paquete y dejar macerar 24 horas.

2. Colocar una rejilla en una olla, añadir agua y poner unas hojas de plátano. Sobre éstas poner los plátanos.

3. Sobre los plátanos, colocar el paquete con la carne y encima la yuca. Cubrir con hojas y cocinar.

4. Destapar, colocar sobre las hojas los chorizos, tapar la olla y cocinar durante 1 hora.

— Paticas con garbanzos —

Ingredientes para 8 personas:

2 lb de pezuñas (paticas) de cerdo cortadas en trozos
1/2 lb de garbanzos
1 cucharada de manteca
1 cebolla picada
1 pimentón (chile dulce) picado
2 tomates picados
1 cucharadita de achiote
350 g de chorizos cortados en rebanadas
2 ramitas de cilantro (culantro) finamente picado
Sal

Poner en un recipiente las pezuñas, cubrir con agua y dejar en remojo toda la noche. En otro recipiente, hacer lo mismo con los garbanzos.

Al día siguiente, escurrir ambos ingredientes, ponerlos en una olla con agua templada y poner al fuego.

A continuación, calentar la manteca y preparar un sofrito con la cebolla, el pimentón, los tomates y el achiote, y agregarlo a la olla. Añadir los chorizos y el cilantro, salar y cocinar hasta que los garbanzos estén tiernos.

Por último, cuando los garbanzos estén tiernos, agregar las papas y cocinar hasta que éstas estén tiernas.

1. Poner las pezuñas en remojo el día anterior. Remojar también los garbanzos.

2. Cocinar las pezuñas y los garbanzos en agua templada, hasta que éstos estén tiernos.

3. Hacer un sofrito y añadir a la olla junto con los chorizos.

4. Incorporar las papas y cocinar.

— Carne con plátanos —

Ingredientes para 6 personas:

2 lb de carne magra (masa) de cerdo (puerco)
1 cebolla grande, pelada y finamente picada
3 dientes de ajo picados
1 pimentón (ají) verde picado
1 cucharadita de color (pimentón)
Una pizca de comino
Una pizca de orégano
1 hoja de laurel
5 cucharadas de tomate frito
1 cucharada de vinagre

1 copa de vino blanco seco
2 plátanos pintones
El jugo de 1 limón
Sal y pimienta

Lavar la carne, secarla y cortarla en cuadrados.

A continuación, poner la carne en una olla al fuego y dorarla en su propia grasa. Añadir la cebolla, los ajos, el pimentón, el color, el comino, el laurel y el orégano. Cocinar todo junto hasta que la cebolla esté tierna.

Seguidamente, incorporar el tomate, el vinagre y el vino. Sazonar con sal y pimienta, tapar la olla y cocinar durante 1 hora.

Mientras tanto, pelar los plátanos, cortarlos en rebanadas de aproximadamente 1 cm de grosor y rociarlos con el jugo de limón para que no se ennegrezcan.

Por último, cuando la carne esté casi tierna, incorporar los plátanos a la olla y continuar la cocción hasta que todo esté en su punto.

1. Lavar y secar la carne, cortarla en cuadrados y sofreír en su propia grasa.

2. Añadir la cebolla, los ajos, el pimentón, el color, el laurel, el comino y el orégano.

3. Incorporar el tomate, el vinagre y el vino. Sazonar con sal y pimienta y cocinar 1 hora.

4. Agregar los plátanos, cortados en rebanadas y rociados con limón, y cocinar.

— Ponche de Navidad —

Ingredientes para 10 personas:

6 huevos separadas las yemas de las claras
1 taza de azúcar
1 vaso grande de brandy o whisky
1 vaso grande de ron
6 tazas de crema de leche batida
1/2 taza de azúcar pulverizada (glass)

Batir las yemas hasta que estén blanquecinas y espumosas. Añadir el azúcar y seguir batiendo hasta que se disuelva.

A continuación, agregar el brandy y el ron y continuar batiendo hasta que estén bien integrados.

Seguidamente, batir las claras a punto de nieve fuerte. Hacer 2 partes y, a una de ellas, incorporarle la crema de leche batida, con mucho cuidado y movimientos envolventes y a la otra parte de claras, agregarles el azúcar pulverizada, batiendo para que queden muy duras.

Por último, incorporar a las yemas las claras mezcladas con crema y, cuando estén bien amalgamadas, agregar las claras con azúcar. Decorar al gusto y servir.

1. Batir las yemas, agregar el azúcar y batir bien.

2. Agregar el brandy y el ron y continuar batiendo.

3. Batir las claras a punto de nieve, hacer dos partes, agregar a una la crema y mezclar con las yemas.

4. Mezclar la otra parte de las claras con el azúcar pulverizada e incorporar al preparado, con movimientos envolventes.

GUATEMALA

— Cuques —

Ingredientes para 6-8 personas:

1 lb de harina de trigo
2 cucharaditas de polvo de hornear
1 taza de azúcar pulverizada
2 huevos
4 cucharadas de mantequilla derretida
1/2 taza de leche

Mezclar la harina, el polvo de hornear y el azúcar y cerner 2 veces. Añadir los huevos, la mantequilla y la leche y trabajar con las manos hasta obtener una masa suave y homogénea. Seguidamente, extender la masa, dejándola no muy fina, y cortar tiras de 1 cm de ancho y 4 cm de largo.

Por último, colocar las tiras en una lata de horno, previamente engrasada, separándolas entre sí para que no se peguen. Pintarlas con yema batida con un poco de leche, e introducir en el horno precalentado a 205° C (400° F), hasta que estén cocidas y doradas.

1. Mezclar la harina con el polvo de hornear y el azúcar y cerner 2 veces.

2. Añadir los ingredientes restantes y trabajar hasta formar una masa suave y homogénea.

3. Extender y cortar tiritas de aproximadamente 1 cm de ancho por 4 cm de largo.

4. Colocar en una lata engrasada, pintarlas y hornear hasta que estén doradas.

— Pudín al ron —

Ingredientes para 4 personas:

1/2 lb de pan duro
100 g de uvas pasas
125 g de ciruelas pasas, sin hueso
7 cucharadas de ron viejo
300 g de azúcar
Canela en polvo al gusto
Nuez moscada al gusto
La cáscara rallada de 1/2 limón verde
1/2 taza de leche
1 huevo
2 cucharadas de mantequilla derretida
1 cucharadita de esencia de almendras amargas
1 cucharadita de esencia de vainilla
3 cucharadas de caramelo líquido
Sal
Crema de leche batida, para decorar

Poner el pan duro en un recipiente, cubrir con agua fría y remojar.

En otro recipiente, poner las uvas y las ciruelas, cubrir con el ron y dejar en remojo.

A continuación, cuando el pan esté blando, escurrirlo bien con las manos y pasarlo por la licuadora hasta que esté bien fino.

Seguidamente, añadir el azúcar al pan escurrido, canela, nuez moscada, y la ralladura de limón. Mezclar e incorporar la leche, revolver bien, agregar el huevo, la mantequilla y una pizca de sal.

Finalmente, añadir al preparado las uvas y ciruelas junto con el ron, las esencias y el caramelo, y una vez todo bien mezclado, verter en un molde engrasado con mantequilla. Introducir en el horno, precalentado a 190° C (375° F) durante 1 hora o hasta que esté bien cuajado.

Servir decorado con crema batida.

1. Remojar el pan en agua fría, y las ciruelas y pasas en el ron.

2. Escurrir el pan y pasarlo por la licuadora para que quede muy fino.

3. Incorporar todos los ingredientes restantes, batiendo para que quede bien homogéneo.

4. Verter en un molde engrasado y hornear hasta que esté bien cuajado.

— Budín de calabaza —

Ingredientes para 6 personas:

2 lb de auyama (calabaza)
4 tazas de agua
3 huevos
1/3 taza de harina de trigo
1/2 cucharadita de canela en polvo
1/3 taza de azúcar
1/3 taza de leche
Sal

Pelar y cortar en trozos regulares la auyama.

A continuación, poner la auyama troceada en una olla, cubrir con las cuatro tazas de agua, salar y cocinar hasta que esté tierna.

Cuando la auyama esté tierna, escurrirla bien y pasar por el pasapuré, o hacerla puré con un tenedor.

Seguidamente, añadir los huevos previamente batidos, incorporar la harina, la canela, el azúcar y la leche. Batir todo bien y verter en un molde, engrasado con mantequilla.

Por último, introducir en el horno, precalentado a 205° C (400° F) durante 40 minutos o hasta que esté bien cuajado.

1. Poner la auyama en una olla con el agua y sal y cocinar.

2. Escurrir y pasar por el pasapuré o triturar bien con un tenedor.

3. Añadir los ingredientes restantes y batir.

4. Verter en un molde engrasado y hornear durante 40 minutos.

— Hojuelas —

Ingredientes para 40 hojuelas:

2 tazas de harina de trigo
1 cucharada de mantequilla helada
1 cucharada de agua helada
1 huevo
El jugo de 1 naranja dulce
Sal
Abundante aceite para freír

Para el caramelo:

3 tazas de azúcar
1 1/2 tazas de agua
1 astilla de canela

Poner los ingredientes de las hojuelas en un recipiente, y amasar. Si hiciera falta, añadir más agua, pero la masa tiene que quedar fina pero dura.

A continuación, estirar la masa con un rodillo hasta que quede muy fina, Seguidamente, cortar rombos con un cortapastas y freír en abundante aceite caliente.

Por último, hacer un caramelo con el azúcar, el agua y la canela.

Verter sobre las hojuelas para que queden bien bañadas, y servir.

1. Mezclar todos los ingredientes y formar una masa firme.

2. Extender con el rodillo hasta que quede muy fina.

3. Cortar con un cortapastas, formando rombos.

4. Freír en abundante aceite caliente.

5. Hacer un caramelo y bañar las hojuelas.

Dulce de coco con merengue

Ingredientes para 6-8 personas:

I coco grande seco
3 huevos separadas las yemas de las claras
I 1/2 tazas de azúcar
I taza de leche evaporada
I cucharadita de ralladura de limón
I cucharadita de vainilla
I taza de azúcar pulverizada
1/2 cucharadita de polvo de hornear

Abrir el coco, sacar la pulpa y rallarla. Poner la pulpa rallada en un recipiente y agregar las yemas, la taza y media de azúcar, la leche y la mitad de la ralladura de limón. Verter la mezcla en un molde engrasado e introducir en el horno, precalentado a 190° C (375° F) durante 45 minutos.

Batir las claras a punto de nieve e incorporar la ralladura de limón restante, la vainilla, el azúcar y el polvo de hornear.

Cuando el dulce esté horneado, desmoldar sobre una fuente refractaria, y cuando esté frío, cubrir la superficie con el merengue, de forma decorativa, e introducir en el horno unos minutos, para que se dore ligeramente.

1. Abrir el coco y rallar la pulpa.

2. Mezclar con el azúcar, la leche y la ralladura de limón.

3. Verter en un molde engrasado y hornear durante 45 minutos.

4. Preparar un merengue con las claras, el azúcar, la ralladura de limón y el polvo de hornear.

5. Cubrir el dulce ya frío con el merengue preparado y hornear para que se dore.

— Soufflé de elote —

Ingredientes para 6 personas:

2 tazas de maíz desgranado
4 cucharadas de azúcar
2 cucharadas de margarina
2 cucharadas de harina de trigo
2 tazas de leche
4 huevos separadas las yemas de las claras
1 cucharada de azúcar pulverizada
1 tomate en rebanadas finas
Sal

Poner el maíz en una olla, cubrir con agua, añadir el azúcar y una pizca de sal y cocinar durante 10 minutos. Escurrir y reservar.

A continuación, derretir la margarina en una sartén al fuego. Añadir la harina, revolver e incorporar la leche sin dejar de revolver, cocinando hasta que la mezcla espese. Apartar el fuego y agregar las yemas de huevo, mezclándolas bien.

Poner el preparado en un recipiente, añadir el maíz y las claras de huevo, previamente batidas a punto de nieve con el azúcar pulverizada. Mezclar todo bien con movimientos envolventes. Por último, verter el preparado en un molde engrasado. Rodear con las rebanadas de tomate e introducir en el horno, precalentado a 180° C (350° F) durante 10 minutos hasta que esté bien dorado.

1. Cocinar el maíz en agua con el azúcar y una pizca de sal.

2. Preparar una salsa con la margarina, la harina y la leche.

3. Incorporar las yemas, el maíz y las claras a punto de nieve.

4. Poner en un molde y hornear durante 10 minutos.

CUBA

— Arroz con café —

Ingredientes para 4 personas:

2 l de leche
1/2 taza de azúcar
1/2 taza de arroz
1/2 taza de café concentrado

Poner la leche en una olla al fuego junto con el azúcar y cocinar durante unos minutos.

A continuación, lavar el arroz bajo el chorro del agua fría, escurrirlo bien con un colador y agregarlo a la leche previamente calentada junto con el azúcar. Cocinar a fuego bajo, revolviendo frecuentemente.

Cuando el arroz esté casi en su punto, incorporar el café. Mezclar bien y terminar la cocción.

Por último, retirar del fuego, verter en un recipiente y servir frío o caliente, al gusto.

1. Poner la leche en una olla con el azúcar y hervir unos minutos.

2. Lavar el arroz, escurrir con un colador y añadir a la leche.

3. Cuando el arroz esté casi cocinado, incorporar el café.

4. Terminada la cocción, verter en un recipiente de servir.

— Sopa borracha —

Ingredientes para 8 personas:

2 tazas de agua
2 1/2 tazas de azúcar
1 1/2 tazas de vino dulce
1 bizcocho esponjoso de 1/2 lb
2 claras de huevo
1/2 taza de azúcar
1 cucharada de caramelitos de colores

Poner el agua en un recipiente al fuego. Añadir el azúcar, cocinar hasta formar un almíbar espeso e incorporar el vino.

A continuación, dividir el bizcocho esponjoso en 8 porciones iguales y poner cada una de ellas en un recipiente individual. Rociarlas con el almíbar al vino previamente preparado y reservar.

Seguidamente, batir las claras de huevo a punto de nieve, junto con la 1/2 taza de azúcar, hasta que estén bien duras.

Por último, poner el merengue en una manga pastelera provista de boquilla rizada y repartirlo en cada recipiente, sobre las porciones de bizcocho. Decorar con las bolitas de caramelo e introducir en el refrigerador hasta el momento de servir bien fría.

1. Preparar un almíbar bien espeso con el agua y el azúcar, y añadir el vino.

2. Hacer 8 porciones con el bizcocho, poner en recipientes individuales y rociar con el almíbar.

3. Batir las claras a punto de nieve con la 1/2 taza de azúcar.

4. Cubrir el bizcocho borracho con el merengue y decorar.

— Enyucado —

Ingredientes para 12 raciones:

1 lb de yuca

1/2 lb de queso blanco rallado

1/2 lb de azúcar

1/2 taza de leche de coco

1/2 taza de coco rallado

1 cucharada de anisetes machacados

1/2 cucharadita de esencia de anís

2 cucharadas de mantequilla derretida

1/2 taza de crema de leche

Pelar cuidadosamente la yuca y rallarla. Ponerla en un recipiente, añadir el queso blanco rallado y el azúcar, y revolver con una cuchara para mezclar bien.

A continuación, incorporar la leche de coco, el coco rallado, los anisetes, la esencia de anís, la mantequilla y la crema de leche y mezclar bien.

Seguidamente, verter en un molde, previamente engrasado e introducir en el horno, precalentado a 180° C (350° F), durante 30 minutos hasta que esté cuajado y dorado. Cortar en porciones y servir.

1. Pelar y rallar la yuca.

2. Mezclarla con el queso y el azúcar.

3. Añadir los restantes ingredientes y revolver bien.

4. Verter en un molde engrasado y hornear durante 30 minutos.

— Panqueque de banano —

Ingredientes para 6 personas:

I taza de harina de trigo
1/2 taza de azúcar
2 cucharaditas de polvo de hornear
1/2 cucharadita de sal
2 cucharadas de mantequilla derretida
3/4 taza de puré de plátano (banano)
3/4 taza de leche
I huevo
Miel para acompañar

Mezclar en un recipiente la harina, la sal, el azúcar y el polvo de hornear, cerner todo y reservar.

A continuación, poner en otro recipiente la mantequilla derretida junto con el puré de plátano, el huevo batido y la leche y mezclar bien.

Seguidamente, incorporar este preparado a la harina con azúcar y trabajar hasta que la mezcla esté homogénea. Por último, calentar una sartén engrasada y cuajar el preparado. Darle la vuelta, cuajar por el otro lado y servir caliente, rociado con miel.

1. Cerner la harina junto con el azúcar, el polvo de hornear y la sal.

2. Mezclar la mantequilla con el puré de plátanos, el huevo y la leche.

3. Incorporar a la harina preparada y mezclar todo bien.

4. Engrasar una sartén y cuajar el preparado, por ambos lados.

Bananos al horno con café

Ingredientes para 4 personas:
4 plátanos (bananos)

2 cucharadas de mantequilla

1/2 taza de azúcar moreno

1 taza de licor de café

Helado al gusto, para acompañar

Calentar la mantequilla en una sartén y dorar los plátanos, previamente pelados.

A continuación, colocar los plátanos en una fuente refractaria y reservar.

Seguidamente, añadir el azúcar a la sartén de haber dorado los plátanos, y cocinar a fuego muy bajo hasta que el azúcar se disuelva y se forme un caramelo. Incorporar el licor y cocinar, revolviendo, durante 1 minuto.

Por último, rociar los plátanos con el caramelo preparado e introducir en el horno, precalentado a 180° C (350° F) durante 10 minutos. Servir templado con helado al gusto.

1. Calentar la mantequilla en una sartén y dorar los plátanos.

2. Colocarlos en una fuente refractaria y reservar.

3. Preparar un caramelo con el azúcar, añadir el licor y cocinar 1 minuto.

4. Verter el caramelo preparado sobre los plátanos y hornear 10 minutos.

Sopa
de caracoles
JAMAICA

Ingredientes para 4 personas:

1 taza de carne de caracoles (se necesitan 2 lb de caracoles con concha)
2 cucharadas de aceite
1/2 lb de tomates pelados y cortados en dados
1/2 lb de cebollas cortadas en rodajas finas
Hierbas aromáticas (las que se deseen, pero poca cantidad de cada una)
1 diente de ajo picado
1 taza de agua
Un chorrito de Jerez
Sal

Poner en una olla al fuego el aceite, dejar que se caliente, añadir los tomates, las cebollas, las hierbas aromáticas, el ajo y sal, y freír a fuego bajo durante aproximadamente unos 10 ó 15 minutos.

A continuación, agregar la carne de los caracoles y la taza de agua. Mezclar todo bien, revolviendo con una cuchara de madera, y cocinar a fuego medio, con la olla tapada, durante 20 minutos.

Por último, retirar la preparación del fuego, añadir el Jerez, revolver para mezclarlo bien y servir.

Sopa de
plátanos fritos
PUERTO RICO

Ingredientes para 6 personas:

7 1/2 tazas de caldo de carne
2 plátanos verdes
Abundante aceite para freír
3/4 taza de queso parmesano rallado
Sal

Poner el caldo en una olla grande al fuego para que se caliente.

Mientras tanto, pelar y cortar en trocitos los plátanos. Poner en remojo en agua con sal durante 15 minutos, escurrir bien y freír en abundante aceite caliente durante 12 ó 14 minutos. Escurrir y reservar.

A continuación, triturar los plátanos hasta formar un puré y añadirlo al caldo caliente.

Por último, cocinar todo junto durante 10 minutos. Agregar el queso, mezclar y servir bien caliente.

Crema
de tiquisque
COSTA RICA

Ingredientes para 8 personas:

4 ñames (tiquisques)
8 tazas de caldo de pollo
4 cucharadas de mantequilla
1 cebolla finamente picada
1 taza de crema de leche dulce
1/2 lb de queso crema
Ají dulce (chile) picado
Pimienta
Sal

Pelar los ñames, cortar en trocitos y cocinar en agua con sal hasta que estén tiernos.

A continuación, escurrirlos y machacarlos hasta formar un puré suave, agregando, poco a poco, el caldo de pollo.

Seguidamente, calentar la mantequilla en una olla, y rehogar la cebolla.

Añadir el puré de ñame preparado, sazonar con sal y pimienta, tapar y cocinar unos minutos a fuego bajo. Unos minutos antes de servir, añadir la crema de leche.

Servir con el queso hecho bolitas, recubiertas con el ají picado.

Matrimonio
PUERTO RICO

Ingredientes para 4 personas:

1 lb de fríjoles (habichuelas) puestos en remojo el día anterior
4 cucharadas de aceite
1 tomate maduro grande, picado
1 pimentón (pimiento) verde
6 dientes de ajo picados
1 cebolla picada
1/4 lb de jamón, en un trozo
2 ajíes dulces, picados
2 tazas de arroz
Sal

Cocinar los fríjoles hasta que estén tiernos pero enteros.

Mientras tanto, calentar el aceite en una sartén grande y preparar un sofrito con el tomate, el pimentón, los dientes de ajo, la cebolla, el jamón, sin picar y los ajíes. Salar y cocinar hasta que todo esté frito.

A continuación, retirar del sofrito el jamón y añadirlo a la olla donde están cocinándose los fríjoles.

Seguidamente, pasar el sofrito por el pasapurés, e incorporarlo a la olla. Cuando todo esté hirviendo, agregar el arroz, teniendo en cuenta que en la olla debe haber cuatro tazas de líquido. Cocinar destapado hasta que el arroz haya absorbido el líquido.

Por último, revolver todo bien, tapar la olla y dejar a fuego bajo hasta que el arroz esté en su punto.

Fríjoles refritos
COSTA RICA

Ingredientes para 4 personas:

1 taza de fríjoles negros, cocinados y escurridos
125 g de tocineta picada
2 cucharadas de aceite de oliva
4 dientes de ajo picados
1 ramita de apio picado
1 cebolla pequeña, picada
1 cucharadita de ají (chile) picante, en polvo
Ají dulce al gusto
1 cucharadita de orégano
1/4 taza de vino blanco seco
Sal

Freír la tocineta en una sartén al fuego y cuando esté dorada, añadir el aceite y los dientes de ajo. Revolver y agregar el apio y la cebolla y sofreír hasta que estén tiernos.

A continuación, añadir los fríjoles, el ají picante y el dulce, el orégano y el vino blanco. Salar al gusto, tapar la sartén y cocinar, a fuego bajo, durante unos minutos.

Seguidamente, verter todo en la licuadora y moler ligeramente.

Por último, poner de nuevo en la sartén, cocinar durante unos minutos, y servir con tortas de maíz o arepas.

Arroz relleno sencillo
HONDURAS

Ingredientes para 4 personas:

1 pollo
1 tomate grande
1 pimentón (chile) pequeño
1 rama de perejil
3 tazas de salsa de tomate
2 cucharadas de margarina
1 lb de verduras cocinadas (zanahorias, repollo, habichuelas, auyama,...)
1 lb de arroz ya cocinado
1 cucharada de pan molido
Sal

Poner el pollo en una olla con el tomate, el pimentón y el perejil. Salar, cubrir con agua y cocinar hasta que esté tierno. Retirar del líquido, desechar la piel y los huesos y hacer tiritas con la carne.

A continuación, engrasar con margarina un molde alargado y poner en el fondo una capa de arroz. Cubrir con salsa de tomate y unos pegotitos de margarina, formar otra capa con pollo, de nuevo tomate y margarina. Poner encima una capa de verduras, de nuevo tomate y margarina y añadir el arroz restante. Rociar todo con la salsa de tomate restante, puntear con la margarina y finalmente, espolvorear la superficie con el pan molido.

Por último, introducir en el horno, precalentado a 190° C (375° F) durante 10 minutos. Retirar del horno, desmoldar y servir bien caliente acompañado de salsa de tomate.

Pupusas
HONDURAS

Ingredientes para 20 pupusas:

1 lb de masa de maíz
1 cucharadita de color (azafrán o achiote)
Manteca o aceite para freír

Para el relleno:

1 lb de carne de cerdo frita y picada
1 taza de repollo (col blanca)
1 cucharadita de azúcar
2 cucharadas de jugo de limón
2 zanahorias cocidas y ralladas
1 tomate picado
1 cucharadita de perejil fresco, picado
2 cucharadas de vinagre
2 cucharadas de aceite
Pimienta
Sal

Agregar a la masa el color disuelto en un poquito de manteca, para que la masa tome color amarillento.

Hacer unos pastelitos, no muy planos y freír en aceite o manteca caliente. Retirarlos y dejar escurrir sobre papel absorbente. Reservar calientes.

A continuación, mezclar en un recipiente todos los ingredientes del relleno, y sazonar con sal y pimienta.

Seguidamente, abrir un poco cada pastelito, con la punta de un cuchillo, separando la tapa superior. Introducir un poco de relleno en cada uno y servir con salsa de ají.

Empanaditas de plátano
NICARAGUA

Ingredientes para 4 personas:

3 plátanos verdes
Ají al gusto
1 taza de carne molida, cocinada
1/4 taza de arroz cocinado
1 cebolla pequeña, finamente picada
1 pimentón (chiltoma) pequeño, picado
1/2 cucharadita de vinagre
Manteca para freír
Sal

Cocinar los plátanos en agua con sal y ají al gusto. Una vez cocinados, molerlos fino para obtener un puré, agregando un poquito de agua si fuera necesario. Dividir la masa en 12 porciones y estirar cada porción con los dedos, sobre un lienzo, hasta formar una tortita de unos 6 ó 7 cm de diámetro.

A continuación, mezclar todos los ingredientes restantes, añadiendo ají al gusto.

Seguidamente, poner una cucharada del preparado anterior sobre cada tortita. Doblarlas dándole forma de empanada, siempre con el lienzo y apretar los bordes.

Por último, freír en abundante manteca caliente hasta que se doren por ambos lados, y servir.

Pastel de maíz
CUBA

Ingredientes para 8 personas:

3 tazas de maíz molido
2 tazas de agua
4 huevos
3 cucharadas de aceite o mantequilla
1/2 cebolla picada
1/2 taza de puré de tomate
2 dientes de ajo picados
1 ají picado
2 cucharadas de azúcar
2 tazas de picadillo de carne, pescado o pollo
Pimienta
Sal

Mezclar el maíz molido con el agua y colar. Cuando esté fría la masa, añadir los huevos batidos y mezclar bien.

A continuación, calentar el aceite y preparar un sofrito con la cebolla, el puré de tomate, los ajos, el ají, el azúcar y sal y pimienta. Cuando la cebolla esté transparente, añadir la masa de maíz anteriormente preparada y cocinar revolviendo constantemente, hasta que la mezcla esté muy espesa. Retirar del fuego y dejar enfriar.

Seguidamente, poner la mitad de la masa en un recipiente redondo refractario, previamente engrasado con mantequilla, cubriendo todo el fondo. Encima de la capa de masa, extender el picadillo de carne y cubrir éste con la masa restante.

Por último, introducir en el horno, precalentado a 190° C (375° F) hasta que el pastel esté bien dorado y hecho por dentro.

Piononos
PUERTO RICO

Ingredientes para 4 personas:

3 plátanos amarillos, maduros
Aceite vegetal para freír
2/3 taza de queso Cheddar, rallado
2 huevos
1 cucharada de harina de trigo
1 cucharada de agua
Sal

Pelar los plátanos y cortarlos, en sentido longitunal, en 4 trozos iguales.

A continuación, calentar abundante aceite en una sartén al fuego y freír los plátanos.

Seguidamente, formar con cada tira de plátano un rollo, en forma de cono, y pincharlo por la parte de abajo con un palillo. Rellenar cada cono con el queso rallado y reservar.

Por último, batir los huevos en un recipiente y salar al gusto. Disolver la harina en la cucharada de agua e incorporar a los huevos. Cubrir con esta mezcla la parte del relleno del pionono y freír en el aceite caliente, hasta que estén bien dorados.

Pisto cubano
CUBA

Ingredientes para 6 personas:

2 cucharadas de aceite
1/4 taza de cebolla picada
1/2 taza de ají
1/4 taza de perejil fresco, picado
1 taza de tomate pelado, sin semillas y picado
1/2 taza de papas fritas
1/2 taza de zanahorias hervidas y cortadas en cubitos
1/2 taza de habichuelas hervidas
1/2 taza de repollo (col) cruda, cortada muy finamente
1/2 taza de pescado cocinado
6 huevos
1 cucharada de sal
1 cucharadita de color (pimentón)
Una pizca de pimienta

Calentar el aceite en una olla al fuego y sofreír la cebolla junto con el ají y el perejil. Añadir los tomates y cocinar durante 2 ó 3 minutos.

A continuación, agregar a la olla las papas, previamente fritas, las zanahorias, las habichuelas, el repollo y el pescado desmenuzado. Sazonar con sal, color y pimienta y cocinar 2 ó 3 minutos, sin dejar de revolver.

Seguidamente, incorporar los huevos batidos y sazonados y cocinar, sin dejar de revolver, hasta que se cuajen.

Por último, servir sobre rebanadas de pan tostado y decorar al gusto.

Ñame en cacerola
JAMAICA

Ingredientes para 4 personas:

2 ñames cocinados y partidos en rebanadas
3 huevos cocidos, pelados y cortados en rodajas
1/2 taza de queso rallado
2 tazas de salsa bechamel clarita
Sal y pimienta

Poner en un recipiente de cristal refractario rebanadas de ñame, alternándolas con las rodajas de huevo.

A continuación, espolvorear con queso rallado y sazonar con sal y pimienta al gusto.

Seguidamente, cubrir todo con la salsa bechamel clarita y cocinar a fuego bajo hasta que el queso se derrita. Servir en el mismo recipiente utilizado para su preparación.

Mofongo
PUERTO RICO

Ingredientes para 10 bolas grandes:

3 plátanos verdes
Aceite para freír
3 dientes (granos) de ajo
1 cucharada de aceite de oliva
1/2 lb de chicharrón bien triturado

Pelar y cortar los plátanos diagonalmente, en rebanadas de aproximadamente unos 2 centímetros de grosor. Poner en remojo bien cubiertos con agua y un poco de sal, durante 15 minutos. Escurrir muy bien.

Calentar abundante aceite vegetal en una sartén al fuego y freír lentamente las rebanadas de plátano, alrededor de 15 minutos, para que queden bien tiernas, pero sin dorarse demasiado. Retirar de la sartén con ayuda de una espumadera y dejar escurrir sobre papel absorbente para eliminar el exceso de grasa.

Machacar los ajos en un mortero hasta que se forme una pasta, añadir el aceite de oliva. Moler los plátanos cocinados y mezclar con la pasta de ajo y los chicharrones.

Por último, formar las bolas y servirlas enseguida bien calientes.

Cebollas caribeñas
COSTA RICA

Ingredientes para 4 personas:

8 cebollas cortadas en rodajas
2 tiras de tocineta, cortadas en cubitos
1 pimentón (chile) verde, cortado en tiras
1 diente de ajo picado
1/2 lb de carne de cerdo salada
1 lata de pasta de tomate
2 cucharadas de queso rallado
Sal y pimienta

Poner las rodajas de cebolla en una olla, cubrir con agua, salar y cocinar hasta que estén tiernas.

Mientras tanto, freír la tocineta en una sartén hasta que esté crujiente, agregar el pimentón y el ajo y freír todo junto, en la grasa de la tocineta, durante unos minutos.

En otro recipiente, cocinar la carne de cerdo en agua con un poco de pimienta, hasta que esté suave. Escurrir bien y reservar.

A continuación, escurrir las cebollas y ponerlas en un recipiente refractario. Añadir la tocineta con pimentón y la carne de cerdo, escurrida. Cubrir con la pasta de tomate e introducir en el horno, precalentado a 180° C (350° F) durante 25 minutos.

Seguidamente, espolvorear la superficie con el queso rallado y hornear de nuevo hasta que el queso se derrita.

Molondrones con camarones
REPUBLICA DOMINICANA

Ingredientes para 4 personas:

1/2 taza de aceite
1 cebolla mediana, finamente picada
4 tazas de vainas de okra (quimbombó), cortadas en lonchitas
3 plátanos (bananos) poco maduros, pelados y cortados en rebanadas de 1 cm
2 tomates pelados y picados
El jugo de 1 limón
1 ají (pimiento) picante, sin semillas y cortado en trocitos
1 cucharada de cilantro fresco, picado
1 lb de camarones (gambas) pelados
Sal y pimienta

Calentar el aceite en una sartén grande al fuego y sofreír la cebolla hasta que esté tierna.

A continuación, añadir las vainas y sofreír 2 ó 3 minutos. Agregar los plátanos, los tomates, el jugo de limón, el ají y el cilantro. Sazonar con sal y pimienta y cocinar a fuego bajo durante 5 minutos o hasta que las vainas estén tiernas.

Seguidamente, incorporar los camarones y cocinar todo junto durante 3 minutos más o hasta que los camarones estén cocinados. Servir con arroz blanco.

Guiso de pipián

NICARAGUA

Ingredientes para 6 personas:

6 zapallitos (pipianes) tiernos pero no muy pequeños
2 cucharadas de manteca
1 cebolla picada
3/4 taza de leche
2 cucharaditas de harina de trigo
1 cucharadita de azúcar
1 cucharadita de mantequilla
Pimienta
Sal

Cortar los zapallitos en cubitos y verter en una olla. Poner al fuego y cocinar con la olla tapada y sin nada de agua. Cuando estén tiernos, retirar y con un tenedor, hacerlos puré.

A continuación, calentar la manteca en una sartén grande al fuego y cocinar la cebolla hasta que esté transparente. Incorporar el puré de zapallo, dar unas vueltas y añadir la leche en la que previamente se habrá disuelto la harina y el azúcar, y sazonado con sal y pimienta.

Cocinar todo junto hasta que la leche se haya consumido y pasar todo el guiso a una fuente de horno.

Poner sobre la superficie unos pegotitos de mantequilla e introducir en el horno, precalentado a 205° C (400° F) hasta que se dore la superficie.

Budín de yuca

GUATEMALA

ingredientes para 4 personas:

2 1/2 lb de yuca
6 cucharadas de mantequilla
1 taza de leche
4 yemas de huevo
5 claras de huevo
Pimienta recién molida
Sal

Pelar la yuca debajo del grifo del agua fría, pues se decolora rápidamente.

A continuación, cortar en rodajas, poner en una olla, cubrir con agua y sal y cocinar a fuego bajo, con la olla tapada, durante aproximadamente 30 minutos, o hasta que esté tierna. Escurrir, pasar por un pasapuré, y agregar al puré obtenido, la mantequilla, revolviendo bien.

Seguidamente, calentar la leche y añadirla, poco a poco, al puré; agregar las yemas, previamente batidas, poco a poco, sin dejar de batir.

Batir las claras con un poquito de sal, a punto de nieve e incorporarlas al preparado anterior, con movimientos envolventes.

Por último, verter todo en un molde alto e introduzca en el horno, previamente calentado a 180° C (350° F) durante 35 minutos hasta que el budín esté bien inflado y ligeramente dorado

Pipianes rellenos

COSTA RICA

Ingredientes para 4 personas:

8 zapallitos (pipianes)
2 cucharadas de manteca
1 cebolla pequeña, finamente picada
2 dientes de ajo, finamente picados
1/2 lb de carne molida de res
Orégano al gusto
2 cucharadas de queso rallado
4 cucharadas de pan molido
2 huevos
Sal

Poner los zapallitos en una olla con agua y sal y cocinar hasta que estén tiernos. Escurrir y reservar.

Calentar en una sartén la manteca, añadir la cebolla, los ajos y la carne molida y cocinar durante unos minutos. Agregar el orégano y pimienta al gusto, revolver e incorporar el queso, el pan y los huevos, previamente batidos. Mezclar todo bien, retirar del fuego y dejar enfriar.

A continuación, cortar una tapita de la parte superior de los zapallitos, y retirar parte de la pulpa, con ayuda de una cuchara.

Seguidamente, rellenar con la mezcla preparada, colocar en una fuente refractaria e introducir en el horno, precalentado a 180° C (350° F) durante unos minutos hasta que el relleno esté cocinado.

Huevos a la cubana
CUBA

Ingredientes para 4 personas:

3 cucharadas de mantequilla
1 diente de ajo machacado
1 cebolla rallada
1 cucharada de perejil fresco, picado
4 filetes de anchoa
2 yemas de huevo
1/2 taza de leche
4 huevos
1 taza de cubitos de pan fritos
Sal y pimienta

Calentar la mantequilla en una sartén grande. Agregar el ajo, la cebolla, el perejil y las anchoas, y sofreír todo junto durante 2 minutos.

A continuación, batir las yemas con la leche, sazonar con sal y pimienta y añadir al sofrito. Cocinar revolviendo hasta que la mezcla espese ligeramente.

Por último, cascar los huevos sobre el sofrito, tapar la sartén y cocinar hasta que los huevos estén cuajados. Servir enseguida, decorados con el pan frito.

Huevos rancheros
EL SALVADOR

Ingredientes para 4 personas:

8 huevos
3 cucharadas de manteca de cerdo
1 diente de ajo, picado
2 cebollas picadas
1 ají finamente picado
2 tomates pelados y picados
4 chorizos cortados en rebanadas
Sal

Calentar la manteca en una sartén grande y sofreír el ajo junto con las cebollas, el ají y los tomates.

Cuando todo esté bien frito, añadir los chorizos y sofreír unos minutos. Sazonar, cascar los huevos sobre la salsa, bien separados entre sí y con cuidado para que no se rompan, y cocinar hasta que estén cuajados. Servir bien calientes con la salsa por encima.

Chiricaya china
COSTA RICA

Ingredientes para 6 personas:

1/2 lb de pancita de cerdo, con un poco de pellejito adherido
4 dientes de ajo picados
1/2 taza de camarones secos
12 huevos
1 cebolla picada
1 manojo de cilantro (culantro), finamente picado
Salsa china al gusto
Sal
Arroz blanco, cocinado sin sal, para acompañar

Poner la pancita en un recipiente con un poco de agua con sal y cocinar hasta que esté suave. Escurrir y cortar en lonchas finas. Reservar.

Mientras tanto, poner los camarones en remojo con 1 taza de agua, durante 30 minutos.

En un recipiente grande, batir los huevos. Salar y agregar la pancita, los camarones remojados con su agua, la cebolla, el cilantro y sal al gusto. Añadir la salsa china, revolver bien y colocar el recipiente al baño María.

Por último, cocinar hasta que los huevos cuajen, y servir con arroz blanco.

Tayotes revueltos con huevos
REPUBLICA DOMINICANA

Ingredientes para 2 personas:
1 chayote (tayote) de 1 lb
3 cucharadas de aceite
1 cebolla mediana, finamente picada
1 diente de ajo picado
2 tomates pelados y picados
1 pimentón picante, finamente picado
1 cucharada de puré de tomate
4 huevos, ligeramente batidos
Pimienta
Sal

Pelar y partir el chayote por la mitad, y cocinarlo en agua con sal durante aproximadamente unos 15 minutos o hasta que esté bien tierno. Escurrir bien y cortar en cubitos de 1 cm. Reservar.

A continuación, calentar el aceite en una sartén grande y sofreír la cebolla, a fuego bajo, hasta que esté transparente. Añadir el ajo, los tomates y el pimentón y cocinar lentamente hasta que la mezcla haya trabado y la mayor parte del líquido, evaporado.

Seguidamente, sazonar con sal y pimienta, agregar el puré de tomate y el chayote. Cocinar hasta que todo esté bien caliente.

Por último, incorporar los huevos y revolver con un tenedor de madera, hasta que los huevos estén cuajados. Servir enseguida.

Piparrada cubana
CUBA

Ingredientes para 6 personas:
10 pimentones (pimientos) rojos, grandes
8 cucharadas de mantequilla
10 huevos
Sal y pimienta

Poner los pimentones en una lata y asar en el horno. Cuando estén en su punto, retirar del horno, tapar la lata con un paño de cocina y, cuando estén fríos, pelar, quitar las semillas y cortar en tiras.

A continuación, calentar la mantequilla en una sartén, añadir las tiras de pimentón y rehogar durante 10 minutos, dándoles la vuelta con un tenedor de madera.

Seguidamente, incorporar a la sartén los huevos, previamente batidos y sazonados con sal y pimienta, y cocinar, revolviendo constantemente, hasta que los huevos estén cuajados.

Servir sobre rebanadas de pan frito o tostado.

Huevos a la crema con espárragos
PUERTO RICO

Ingredientes para 6 personas:
6 huevos duros, cortados en rebanadas finas
1 lata de 3/4 lb de espárragos
1 lata de 3/4 lb de leche evaporada
1/4 taza de harina de trigo
3 cucharadas de mantequilla
1 cucharada de pan molido
Sal

Abrir la lata de espárragos, escurrir el líquido, reservándolo, y cortar los espárragos por la mitad.

A continuación, verter la leche evaporada en un recipiente, añadirle el líquido de los espárragos reservado, y mezclar.

Seguidamente, diluir la harina en un poco de la leche preparada y verter en una olla, junto con la leche restante y la mitad de la mantequilla. Salar y cocinar a fuego bajo, revolviendo continuamente, hasta que espese. Agregar los espárragos, revolver bien y retirar del fuego.

Engrasar un molde de cristal resistente al horno y formar un lecho de rebanadas de huevo. Rociar con parte de la salsa preparada. Cubrir de nuevo con huevos y salsa, hasta terminar con los ingredientes.

Por último, espolvorear con el pan molido, poner sobre la superficie pegotitos de la mantequilla restante e introducir en el horno, precalentado a 180° C (350° F) durante 10 ó 15 minutos, hasta que la superficie esté bien dorada.

Pescado con coco
REPUBLICA DOMINICANA

Ingredientes para 6 personas:

3 1/2 lb de pescado blanco (corvina, bagre, etc.), en rebanadas
2 dientes de ajo machacados
2 cucharadas de jugo de limón
1/2 cucharadita de orégano
1 taza de aceite
Harina de trigo
Pimienta
Sal

Para la salsa:

1 cebolla cortada en aros
1 pimentón (pimiento) verde, cortado en rodajas
1 pimentón (pimiento) rojo, cortado en rodajas
3 cucharadas de tomate concentrado
1 ramita de perejil fresco
1 hoja de laurel
1 cucharada de harina de trigo
La leche que se extraiga de 2 cocos

Colocar las rebanadas de pescado en una fuente. Preparar un adobo con los ajos, el jugo de limón, el orégano, y sal y pimienta. Rociar con él el pescado y dejar reposar durante aproximadamente 1 hora.

Transcurrido este tiempo, calentar el aceite, escurrir el pescado del adobo, reservando éste. Enharinar el pescado y freír ligeramente en el aceite. Retirar y reservar. Colar el aceite y reservar.

A continuación, poner el aceite colado en una cazuela de barro y sofreír la cebolla y los pimentones durante 10 minutos.

Añadir el tomate, el perejil, el laurel y el adobo reservado. Tapar y cocinar a fuego bajo durante 10 minutos. Añadir la harina, disuelta en agua fría y revolver para evitar que se formen grumos. Hervir un par de minutos, incorporar las rebanadas de pescado y cocinar todo junto 10 minutos.

Seguidamente, añadir la leche de coco y cocinar sin dejar de mover la cazuela con movimientos circulares hasta conseguir que la salsa se trabe. (La salsa no debe hervir para que no se corte). Servir inmediatamente adornado con perejil picado.

Mero dorado
PUERTO RICO

Ingredientes para 4 personas:

1 pescado de 4 lb (mero, brusco, pargo, etc.)
2 limones verdes, frescos y grandes
2 cebollas cortadas en aros
2 hojas de laurel
12 aceitunas rellenas con pimentones morrones
1 cucharada de alcaparras
1/2 taza de vino blanco
4 cucharadas de aceite
2 dientes (granos) de ajo, machacados
1 lata de 1 lb de tomates al natural
2 pimentones (pimientos morrones) asados
Sal y pimienta

Lavar el pescado y darle 2 cortes en el lomo. Colocar en una fuente refractaria y rociar con el jugo de los limones. Sazonar con sal y pimienta y reservar.

A continuación, mezclar todos los ingredientes restantes, verter sobre el pescado e introducir en el horno, precalentado a 180° C (350° F) durante 1 hora o hasta que al pinchar con un tenedor en el lomo, la carne se separe fácilmente. Durante el tiempo de cocción, rociar de vez en cuando con su salsa.

Por último, calentar los pimentones, cortar en tiras, colocarlos sobre el pescado y servir.

Sardinas a la parrilla
EL SALVADOR

Ingredientes para 4 personas:

24 sardinas
4 tomates rojos, cortados en rebanadas
2 cebollas cortadas en aros
4 pimentones (pimientos) verdes, asados
2 cucharadas de aceite
2 cucharadas de vinagre
Sal y pimienta

Limpiar las sardinas, salar por dentro y por fuera y dejar reposar durante 15 minutos.

Mientras tanto, poner en una ensaladera las rebanadas de tomate y cebollas. Pelar los pimentones, cortarlos en tiras y poner sobre los tomates y las cebollas. Rociar con el aceite y vinagre y sazonar con sal y pimienta.

Por último, asar las sardinas sobre una parrilla bien caliente para que no se peguen, y servirlas con la ensalada anteriormente preparada.

Langosta a la cubana
CUBA

Ingredientes para 2 personas:

1 langosta grande
El jugo de 2 limones
2 cucharadas de mantequilla
2 dientes de ajo picados
1 cebolla picada
1 cucharada de perejil fresco, picado
1 vaso de vino blanco
1 cucharada de mostaza preparada
Sal y pimienta
Papas fritas y ensalada de tomate, para acompañar

Cocinar la langosta en una olla con agua hirviendo con sal y el jugo de limón. Dejar enfriar en el agua y a continuación, dividirla por la mitad en sentido longitudinal. Retirar los intestinos que están en la cabeza y la tripa negra.

Seguidamente, calentar la mantequilla en una sartén y sofreír los ajos, la cebolla y el perejil. Sazonar con sal y pimienta y agregar el vino y la mostaza. Cocinar unos minutos y cubrir la langosta con esta salsa. Servir acompañada de papas fritas y ensalada de tomate.

Vinagreta de bacalao
HAITI

Ingredientes para 4 personas:

1 lb de bacalao seco
2 pimentones (pimientos) verdes , cortados en tiritas muy finas
2 cebollas cortadas en tiritas
10 cucharadas de aceite
3 cucharadas de vinagre
Pimienta negra, recién molida
2 aguacates (opcional)

Pasar el bacalao por la llama, por ambos lados y poner en remojo durante 4 ó 5 horas.

Una vez desalado, escurrirlo bien, quitar las pieles y espinas y secarlo con papel absorbente de cocina para que pierda todo el agua.

A continuación, colocar el bacalao en un recipiente. Añadir las cebollas y los pimentones y revolver.

Seguidamente, preparar una vinagreta con el aceite, el vinagre y la pimienta y rociar sobre el bacalao preparado. Revolver todo bien y servir, si lo desea, sobre aguacates cortados por la mitad y deshuesados.

Aleta de tortuga con leche de coco
COSTA RICA

Ingredientes para 4 personas:

2 aletas de tortuga medianas
El jugo de 1 limón ácido
8 cucharadas de margarina
2 dientes de ajo
1 cebolla picada
1 pimentón picado
1 ramita de apio picado
1/2 cucharadita de tomillo en polvo
1 ramita de cilantro (culantro) picado
1 ramita de perejil fresco, picado
1 ají picado
2 tazas de leche de coco
Sal
Arroz blanco para acompañar

Lavar las aletas con el jugo de limón y cocinar en una olla con agua y sal, hasta que estén tiernas. Retirar del agua, quitar la membrana dura que las cubre, parecida a la que recubre la lengua, retirar los huesecitos y partir en trozos pequeños.

A continuación, calentar la margarina en una olla y preparar un sofrito con los ajos, la cebolla, el pimentón, el apio, el tomillo, el cilantro, el perejil y el ají. Cuando todo esté bien frito, agregar las aletas de tortuga y la leche de coco, rectificar la sazón y servir con arroz blanco.

Pollo en mango
COSTA RICA

Ingredientes para 8 personas:

4 pechugas de pollo, enteras
8 dientes de ajo
8 lonchas de jamón ahumado
2 mangos (mangas) maduros
1 taza de harina de trigo
2 cucharadas de tomillo picado
1/2 lb de mantequilla
1/2 taza de brandy
2 cebollas medianas, cortadas en rebanadas
1 ramita de perejil fresco, picado
1 taza de vino blanco seco
2 tazas de caldo de pollo
1 cucharadita de curry
Pimienta
Sal

Partir las pechugas por la mitad, deshuesarlas y reservar. Machacar los dientes de ajo en el mortero con sal y pimienta, y embadurnar las pechugas con esta mezcla. Poner sobre cada pechuga una loncha de jamón y un trocito de mango, y enrollarlas, atándolas para que no se abran.

A continuación, mezclar en un recipiente, la harina junto con el tomillo, sal y pimienta. Enharinar las pechugas preparadas con esta mezcla, y cocinarlas en una sartén con la mantequilla, previamente calentada, hasta que estén doradas.

Seguidamente, rociar por encima el brandy, prender fuego y cuando se apague, añadir las cebollas. Cocinar durante unos minutos y agregar los mangos en trocitos, el perejil, el vino, el caldo de pollo y el curry. Revolver bien, tapar la sartén y cocinar hasta que las pechugas estén tiernas.

Por último, retirar las pechugas de la sartén y reservar. Pasar la salsa por la licuadora, ponerla de nuevo en la sartén, incorporar las pechugas y mantener a fuego bajo hasta el momento de servir.

Gallo pinto
PANAMA

Ingredientes para 4 personas:

1/4 lb de fríjoles puestos en remojo el día anterior
1/2 lb de arroz
1 lb de pollo
2 cebollas finamente picadas
4 tomates rojos y maduros
4 ajíes dulces
4 cucharadas de aceite
3 dientes de ajo picados
2 cucharadas de salsa de tomate
Sal

Poner los fríjoles en una olla junto con el arroz y el pollo. Cubrir con agua y cocinar hasta que todo esté tierno.

A continuación, añadir 1 cebolla, 1 tomate pelado y picado y 2 ajíes picados. Salar y cocinar a fuego bajo hasta que la salsa se trabe.

Seguidamente, preparar un sofrito con el aceite, la cebolla restante finamente picada, los 3 tomates picados, los ajíes picados, los ajos y la salsa de tomate. Cuando la cebolla y los ajíes estén tiernos, verter todo sobre el guiso y servir inmediatamente.

Asopao de pollo
REPUBLICA DOMINICANA

Ingredientes para 6 personas:

1 pollo de 3 lb aproximadamente, cortado en 12 presas
1 dienta de ajo machacado
2 cucharadas de vinagre
Orégano al gusto
3 cucharadas de aceite
1/2 lb de jamón picado
8 tazas de agua
1 ramita de perejil fresco
1 ramita de cilantro fresco
1 pimentón (ají) verde, cortado en trocitos
1 pimentón (ají) rojo, cortado en trocitos
1 cebolla finamente picada
2 tazas de arroz
El jugo de 1 limón
1 lata de arvejas (guisantes)
2 cucharadas de queso rallado
Sal y pimienta

Sazonar los trozos de pollo con sal, pimienta, el ajo machacado, el vinagre y el orégano.

A continuación, calentar el aceite en una olla y sofreír el jamón. Agregar los trozos de pollo y dorar a fuego vivo. Cuando estén bien dorados, añadir el agua, el perejil, el cilantro, los pimentones y la cebolla. Salar y cocinar durante aproximadamente unos 20 minutos con la olla tapada.

Mientras tanto, lavar el arroz con agua previamente mezclada con jugo de limón, y cuando el pollo lleve cociendo 20 minutos, agregar el arroz y cocinar a fuego vivo, 15 minutos, revolviendo de vez en cuando.

Seguidamente, bajar el fuego al mínimo, añadir las arvejas y cocinar 5 minutos más.

Comprobar que el pollo está tierno y si el guiso estuviera demasiado seco, agregar un poco de agua hirviendo. Espolvorear con el queso rallado y servir.

Pavo guisado
REPUBLICA DOMINICANA

Ingredientes para 8-10 personas:

1 pavo de 9 lb aproximadamente, cortado en presas
4 dientes de ajo, machacados
2 cucharadas de vinagre de vino tinto
1/2 taza de aceite
1 taza de puré de tomate
1 pimentón (pimiento) verde, sin semillas y cortado en trozos
24 aceitunas verdes deshuesadas
4 cucharadas de alcaparras
3 lb de papas (patatas) cortadas en rodajas
1/2 lb de arvejas (guisantes) congeladas
Sal y pimienta

Sazonar los trozos de pavo con los ajos, sal y pimienta. Rociar con el vinagre y dejar macerar durante 1 hora.

A continuación, calentar el aceite en una olla grande. Secar las presas de pavo con una servilleta de papel y dorarlas en la olla. Añadir el puré de tomate, el pimentón, y agua suficiente como para cubrirlo. Tapar y cocinar a fuego bajo durante 1 hora.

Seguidamente, añadir las aceitunas, las alcaparras y las papas y cocinar 20 minutos más. Incorporar las arvejas y cocinar todo junto hasta que las verduras y el pavo estén tiernos. Poner el pavo en una fuente de servir, rodeado con las papas.

Pollo en ensalada
PUERTO RICO

Ingredientes para 6 personas:

2 lb de pechugas de pollo
1 diente (grano) de ajo
2 cucharaditas de sal
2 granos de pimienta
1 1/2 cucharaditas de aceite
1 cucharadita de jugo de limón
1/2 lb de cebollas cortadas en aros
1 lb de papas hervidas
1 lata de arvejas (guisantes) de 1 lb
3 manzanas picadas
2 ramitas de apio picadas
2 huevos duros picados
1 cucharadita de jugo de limón
3/4 taza de mayonesa
Sal

Poner las pechugas en un molde de cristal para el horno. Machacar en el mortero el ajo, junto con la sal y la pimienta. Añadir el aceite y el limón y adobar las pechugas con esta mezcla. Agregar las cebollas, tapar y cocinar en el horno, precalentado a 165° C (325° F) durante 2 horas.

Mientras tanto, cocinar las papas, pelarlas y una vez frías, cortarlas en cubitos.

A continuación, retirar las pechugas del horno, desechar las cebollas y cortar la carne en cubitos.

Por último, poner en una ensaladera grande las papas, las pechugas, las arvejas con el jugo de la lata, y todos los ingredientes restantes. Mezclar todo bien e introducir en el refrigerador hasta el momento de servir.

Pollo con almendras
GUATEMALA

Ingredientes para 6 personas:

1 pollo grande, cortado en presas
2 tazas de caldo de pollo
1 cucharada de semillas de ajonjolí
1/2 taza de pipas de calabaza
3 pimentones (pimientos) rojos, sin semillas y cortados en trozos
3 tomates pelados y cortados en trozos
1 cebolla mediana
2 dientes de ajo
2 cucharadas de manteca
1/4 taza de jugo de naranja amarga (de Sevilla)
1/4 taza de pasas, sin semillas
1 cucharada de mantequilla
1/4 taza de almendras, cortadas en trocitos

Poner las presas de pollo en una olla grande. Cubrir con el caldo y cocinar, a fuego bajo, durante aproximadamente unos 30 minutos.

Mientras tanto, pasar por la licuadora las semillas de ajonjolí y las pipas de calabaza hasta que queden totalmente trituradas. Reservar.

Poner en la licuadora los pimentones, los tomates, la cebolla y los ajos, hacer un puré y mezclar con las semillas trituradas.

A continuación, calentar la mantequilla en una sartén, añadir el puré y cocinar a fuego bajo, revolviendo sin parar, durante 5 minutos.

Seguidamente, escurrir el pollo, reservando su caldo. Agregar a la olla el puré cocinado, 1 taza del caldo reservado, el jugo de naranja y sal y pimienta. Revolver todo bien, tapar la olla y cocinar a fuego bajo hasta que el pollo esté tierno. La salsa deberá quedar muy espesa.

Mientras termina de cocinarse el pollo, poner las pasas en remojo y dorar las almendras en la mantequilla.

Por último, colocar el pollo con su salsa en una fuente de servir; espolvorear por encima las pasas, bien escurridas y los trocitos de almendras fritas, y servir con arroz blanco.

Cazuela hondureña
HONDURAS

Ingredientes para 4 personas:

1 lb de costillas de cerdo
1 cebolla picada
2 dientes de ajo picados
1 hoja de laurel
1 clavo de olor
2 cucharadas de manteca
Un poquito de color (achiote)
2 cucharadas de salsa de tomate
150 g de papas hervidas
150 g de repollo hervido
1 zanahoria hervida
150 g de habichuelas hervidas
150 g de yuca hervida
300 g de plátanos (bananos) maduros
150 g de queso rallado
2 pelotas de masa de tortilla
Pimienta
Sal

Cortar las costillas en trocitos, añadirles la cebolla, los ajos, el laurel y el clavo de olor. Sazonar con sal y pimienta y sofreír en una sartén grande, con la mantequilla caliente. Añadir el color y la salsa de tomate y revolver.

A continuación, agregar todas las verduras hervidas y cocinar hasta que las costillas estén tiernas.

Mientras tanto, pelar los plátanos, cortarlos en rodajas y freír en manteca caliente.

Seguidamente, cuando las costillas estén tiernas, añadir los plátanos fritos y cocinar todo junto 5 minutos.

Por último, mezclar la masa de tortilla con el queso. Hacer pelotitas y freírlas en manteca hasta que estén doraditas. Añadir a la olla justo antes de servir.

Ropa vieja
CUBA

Ingredientes para 4 personas:

1 lb de carne de res, cocinada y deshebrada
2 cucharadas de manteca
2 dientes de ajo picados
2 cebollas finamente picadas
1 cucharada de perejil fresco, picado
2 pimentones (pimientos) rojos, picados
3 tomates pelados y picados
1 cucharada de harina de trigo
1 vaso de vino blanco
1 taza de caldo (del de cocinar la carne)
2 plátanos (bananos) maduros, cortados en rebanadas
Sal y pimienta

Calentar en una olla la manteca y sofreír los ajos junto con las cebollas, el perejil, los pimentones y los tomates. Sazonar con sal y pimienta y, cuando todo esté bien rehogado, espolvorear por encima la harina y sofreír, revolviendo.

A continuación, añadir el vino y el caldo y cocinar todo junto hasta que se reseque. Rectificar la sazón.

Mientras tanto, freír las rebanadas de plátano en una sartén con un poco de aceite y servir la ropa vieja, decorándola con los plátanos fritos.

Hígado empanizado
COSTA RICA

Ingredientes para 4 personas:

1 1/2 lb de filetes de hígado de res
El jugo de 1/2 limón
2 dientes de ajo picados
1 cebolla grande, cortada en aros
Pan molido
Aceite para freír
Sal y pimienta

Limpiar bien el hígado, quitándole los pellejitos. Poner en un recipiente, adobar con el jugo de limón, los ajos, sal y pimienta y dejar reposar durante 10 minutos.

Sazonar el pan molido con sal y pimienta, poniéndolo en un plato. Calentar aceite en una sartén. Pasar el hígado por el pan, cubriéndolo bien y freír a fuego medio por ambos lados. Retirar y reservar caliente.

Añadir la cebolla a la sartén y cocinar hasta que esté transparente. Verter sobre el hígado y servir bien caliente.

Estofado de tierra adentro
CUBA

Ingredientes para 4 personas:

I lb de lomo de res en una pieza
1/4 lb de tocineta
8 cucharadas de manteca
I hoja de laurel
1/2 vaso de vino tinto
I taza de agua hirviendo
I lb de papas, cocinadas, hechas puré
Sal y pimienta

Hacer incisiones en la pieza de lomo e introducir dentro de cada hueco un trocito de tocineta.

A continuación, calentar la manteca en una olla al fuego y dorar el lomo, dándole la vuelta para que se dore por todos los lados.

Seguidamente, añadir el laurel y el vino, y sazonar con sal y pimienta. Agregar el agua y cocinar a fuego bajo hasta que la carne esté tierna.

Por último, disolver el puré de papas con 1/2 taza de agua fría y agregar a la olla con la carne. Cocinar todo junto durante 10 minutos, y servir.

Hígado con dulce
JAMAICA

Ingredientes para 4 personas:

4 pimentones (pimientos) verdes
4 filetes de hígado de ternera
I cucharada de jugo de lima
Harina de trigo
1/2 taza de aceite
I cucharada de ron
Pimienta
Sal

Retirar el tallo de los pimentones, poner las semillas en un mortero y la carne de los pimentones pasarla por la licuadora y reservar.

A continuación, machacar las semillas de pimentón, espolvorearlas sobre los filetes de hígado y sazonar con sal y pimienta. Rociar con el jugo de lima y reservar.

Seguidamente, pasar los filetes por harina y freír muy ligeramente en el aceite caliente.

Por último, colocar los filetes de hígado en una olla, añadir el ron y los pimentones triturados y cocinar durante 5 minutos. No más para que el hígado no se endurezca. Servir enseguida bien caliente.

Lomo a la criolla
EL SALVADOR

Ingredientes para 10 personas:

4 lb de lomo de cerdo, en un trozo
El jugo de I naranja agria
I cucharadita de mostaza
3 dientes de ajo picados
I 1/2 lb de tomates pelados y cortados en rodajas
3 cebollas grandes, picadas
3 pimentones (chiles) verdes, picados
6 ramitas de cilantro (culantro) picadas
I taza de agua
I cucharada de alcaparras
I cucharada de aceitunas
Pimienta
Sal
Arroz blanco para acompañar

Poner en un recipiente rectangular el jugo de naranja, la mostaza, los ajos y sal y pimienta. Mezclar bien, poner el lomo en el recipiente y embadurnarlo con esta mezcla, dejándolo adobar durante 2 horas.

A continuación, poner en una olla y dorar a fuego bajo en su propia grasa, dándole vueltas para que se dore por igual. Retirar y reservar.

En la misma olla con la grasa, hacer un sofrito con los tomates, las cebollas, los pimentones y el cilantro. Cocinar durante 15 minutos, añadir el lomo, el agua, las alcaparras y las aceitunas. Rectificar la sazón, tapar la olla y cocinar a fuego bajo hasta que el lomo esté tierno y la salsa trabada. Servir el lomo cortado en rodajas y acompañado de arroz blanco.

Pudín
a la nuez de coco
HAITI

Ingredientes para 4 personas:

1/2 l de leche
1/4 taza de coco rallado
4 cucharadas de mantequilla
4 cucharadas de azúcar
1 yema de huevo
2 cucharadas rasas de harina de trigo
1 cucharadita de polvo de hornear
1 clara de huevo
Mermelada o confitura, al gusto

Poner la leche y el coco rallado en una olla y cocinar a fuego bajo durante 30 minutos, hasta que el coco haya absorbido toda la leche. Retirar del fuego y reservar.

A continuación, batir la mantequilla con el azúcar hasta formar una crema blanquecina. Añadir la yema de huevo, el coco cocinado con la leche (debe estar frío) y la harina mezclada con el polvo de hornear. Mezclar todo bien y agregar la clara batida a punto de nieve, uniendo todo con movimientos suaves y envolventes.

Seguidamente, verter en un molde engrasado con mantequilla y cocinar al baño María, introduciéndolo en el horno, precalentado a 180° C (350° F) durante 20 minutos.

Por último, retirar del horno, dejar enfriar, desmoldar y cubrir con mermelada o confitura, al gusto.

Mantecaditos
PUERTO RICO

Ingredientes para 40 mantecaditos:

1/4 lb de mantequilla, ablandada
1/4 lb de manteca vegetal, ablandada
1/2 taza de azúcar
1 cucharadita de extracto de almendras
2 1/4 tazas de harina de trigo
5 cerezas marrasquinas (guindas), cortadas cada una en 8 partes

Poner en un recipiente la mantequilla y la manteca ablandadas y mezclarlas con una cuchara.

A continuación, agregar poco a poco el azúcar, el extracto y finalmente la harina. Mezclar todo bien hasta que esté homogéneo.

Seguidamente, formar bolitas, ponerlas sobre una lámina de papel de aluminio y aplastarlas con la mano. Poner sobre cada mantecadito un trocito de cereza y colocar el papel de aluminio sobre una lata de horno.

Por último, introducir en el horno, precalentado a 180° C (350° F) durante 20 ó 25 minutos, o hasta que estén bien dorados.

Majarete
PUERTO RICO

Ingredientes para 4 personas:

5 tazas de leche
1 taza de harina de arroz
1 cucharadita de sal
1 1/2 tazas de azúcar
2 astillas de canela
3 cucharadas de agua de azahar
2 cucharadas de mantequilla

Poner en un recipiente la leche y mezclar con la harina, la sal y el azúcar. Revolver bien para que no queden grumos y volcar en una olla.

A continuación, incorporar la canela, poner al fuego y cocinar, sin dejar de revolver con una cuchara de madera, hasta que rompa a hervir. Bajar el fuego al mínimo, añadir los ingredientes restantes y cocinar, revolviendo, durante 2 minutos.

Seguidamente, retirar del fuego, desechar la canela, verter en una fuente llana o bien en platitos individuales y dejar enfriar.

Por último, servir frío, espolvoreado con canela en polvo.

Chiricaya
NICARAGUA

Ingredientes para 4 personas:

4 tazas de leche
1 taza de azúcar
1 astilla de canela
La cáscara de 1/2 limón
4 huevos
4 cucharadas de vino dulce
2 cucharaditas de vainilla
1/4 cucharadita de nuez moscada

Verter en una olla la leche junto con el azúcar, la canela y la cáscara de limón y cocinar durante 5 minutos.

A continuación, batir los huevos en un recipiente. Colar sobre ellos, poco a poco, la leche cocinada. Añadir el vino, la vainilla y la nuez moscada y mezclar todo bien.

Por último, verter la mezcla preparada en una fuente refractaria, e introducir en el horno, precalentado a 180° C (350° F) hasta que esté firme y doradita. Servir fría o caliente.

Brownies de banano y coco
COSTA RICA

Ingredientes para 20 brownies:

1/2 taza de harina de trigo
1 cucharadita de polvo de hornear
1 taza de azúcar
1 huevo
1 cucharadita de bicarbonato de soda, disuelto en un poquito de agua
1 cucharadita de vainilla
1 1/2 tazas de puré de plátanos maduros
1 taza de coco rallado

Poner todos los ingredientes en un recipiente y mezclar bien.

A continuación, verter en un molde refractario rectangular e introducir en el horno, precalentado a 180° C (350° F) durante 30 minutos.

Seguidamente, retirar la preparación del horno, dejar enfriar y cortar en barritas cuadradas.

Bizcocho al ron
CUBA

Ingredientes para 6 personas:

2 huevos, separadas las yemas de las claras
Una pizca de sal
1/2 taza de azúcar
1 cucharadita de bicarbonato
2 cucharadas de mantequilla derretida pero fría
1/2 lb de harina de trigo
1 copa de ron
1 cucharada de jugo de limón
2 cucharadas de azúcar
1 taza de mermelada de guayaba

Batir bien las yemas y agregar la sal, el azúcar y el bicarbonato. Una vez bien batido, incorporar la mantequilla, sin dejar de revolver.

A continuación, batir las claras a punto de nieve y añadir al preparado anterior. Agregar la harina, mezclar todo bien y verter en un molde engrasado con mantequilla. Introducir en el horno, precalentado a 190° C (375° F) hasta que haya subido y esté dorado. Retirar del horno y cortar por la mitad en sentido horizontal.

Seguidamente, calentar el ron a fuego bajo junto con el jugo de limón y las 2 cucharadas de azúcar. Bañar con esta preparación el interior del bizcocho, cubrir con la mermelada y darle de nuevo su forma original. Servir con ponche cubano.

— Glosario —

Abacaxi: Ananá, piña.
Abadejo: Bacalao, mojito, reyezuelo.
Abridero: Durazno, gabacho, melocotón, pavia.
Aceitunas: Olivas.
Achín: Ñame.
Achiote: Axiote, bijol, color, onoto, pimentón.
Achuras: Despojos, menudos.
Aguacate: Avocado, chuchi, palta.
Aguayón: Cadera, tapa.
Ahogado: Guiso, hogado, hogao, hogo, refrito, riojo, sofrito.
Ají dulce: Peperrone, pimentón, pimiento.
Ají picante: Conguito, chilcote, chile, guindilla, ñora, pimiento picante.
Ajonjolí: Sésamo.
Albaricoque: Chabacano, damasco.
Alcachofa: Alcaucil.
Alcaucil: Alcachofa.
Almeja: Concha, ostión, ostra.
Almidón de maíz: Chuño, fécula de maíz, maicena.
Almidón de mandioca: Harina de yuca.
Alubia: Caraota, faba, fréjol, fríjol, guandú, judía seca, poroto.
Alverjas: Arvejas, chícharos, guisantes.
Amarillo: Banano, cambur, plátano.
Ananá: Abacaxi, piña.
Ancua: Cancha, maíz frito, pororó, rositas de maíz.
Anchoas: Anchovas, boquerones.
Anchovas: Anchoas, boquerones.
Anday: Auyama, calabaza, sambo, zapallo.
Antojitos: Bocadillos.
Aperitivo: Botana, ingredientes, pasabocas, tapas.
Apio: Celeri.
Arasa: Guayaba.
Arvejas: Alverjas, chícharos, guisantes.
Atole: Harina de maíz disuelta en agua o leche.
Atún: Cazón, pescado grande de mar, tiburón, tuna.
Auyama: Anday, calabaza, sambo, zapallo.
Avocado: Aguacate, chuchi, palta.
Axiote: Achiote, bijol, color, onoto, pimentón.
Azúcar impalpable: Glass, pulverizada.
Bacalao: Abadejo, mojito, reyezuelo.
Bacón: Panceta, tocineta, tocino.
Banano: Amarillo, cambur, plátano.
Batata: Boniato, camote, ñame, papa dulce.
Becerra: Mamón, ternera.
Berza: Col, repollo, taioba.
Betabel: Beterraba, beterraga, remolacha.
Beterraba: Betabel, beterraga, remolacha.
Beterraga: Betabel, beterraba, remolacha.
Bijol: Achiote, axiote, azafrán, color, onoto, pimentón.
Bocadillos: Antojitos.
Bogavante: Cabrajo, langosta.
Bolillo: Pan blanco.
Bollito: Bollo, cañón, capón, corte de res, muchacho.
Bollo: Bollito, cañón, capón, corte de res, muchacho.
Boniato: Batata, camote, ñame, papa dulce.
Boquerones: Anchoas, anchovas.
Borrego: Cordero, oveja.
Botana: Aperitivo, ingredientes, pasabocas, tapas.
Brécol: Brócoli, coliflor.
Breva: Higo.
Brin: Azafrán, croco.
Brócoli: Brécol, coliflor.
Burucuyá: Pasiflora, pasionaria.
Butifarra: Chorizo, salchicha.
Cabrajo: Bogavante, langosta.
Cabrito: Chivo.
Cacahuacintle: Variedad de maíz, de mazorca grande y grano redondo y tierno.

Cacahuate: Cacahuet, cacahuete, maní.
Cacahuet: Cacahuate, cacahuete, maní.
Cacahuete: Cacahuate, cacahuet, maní.
Cacao: Chocolate, cocoa.
Cachipai: Chontaduro.
Cadera: Aguayón, tapa.
Cajeta: Dulce de leche de cabra y azúcar.
Cake: Pastel, torta.
Calabacines: Calabacitas, chauchitas, zucchini.
Calabacitas: Calabacines, chauchitas, zucchini.
Calabaza: Anday, auyama, sambo, zapallo.
Calamar: Chipirón, sepia.
Callampa: Champignon, hongo, seta.
Callos: Librillo, menudo, mondongo, panza, tripas.
Camarón: Crustáceo marino de pequeño tamaño. Gamba, quisquilla.
Cambur: Amarillo, banano, plátano.
Camote: Batata, boniato, ñame, papa dulce.
Cancha: Ancua, maíz frito, pororó, rositas de maíz.
Cangrejo: Crustáceo comestible, jaiba.
Caña: Alcohol de caña de azúcar, bebida argentina.
Cañón: Bollito, capón, corte de res, muchacho.
Capear: Rebozar.
Capón: Bollito, cañón, corte de res, muchacho.
Caraota: Alubia, faba, fréjol, fríjol, guandú, judía, poroto.
Cari: Curry.
Carne seca: Cecina, tasajo.
Carota: Azanoria, zanahoria.
Casabe o cazabe: Harina resultante de rallar la yuca o la mandioca.
Cayote: Especie de sandía.
Cazón: Atún, pescado grande de mar, tiburón, tuna.
Cebiche: Pescado marinado en limón y otros ingredientes.
Cebolla cabezona: Cebolla de huevo.
Cebolla de huevo: Cebolla cabezona.
Cebolla de verdeo: Cebollín, cebollina.
Cebolla en rama: Cebolla junca, cebolla larga.
Cebolla junca: Cebolla larga, cebolla en rama.
Cebolla larga: Cebolla junca, cebolla en rama.
Cebollín: Cebolla de verdeo, cebollina.
Cebollina: Cebolla de verdeo, cebollín.
Cecina: Carne seca, tasajo.
Celeri: Apio.
Cerdo: Cochino, chanco, chancho, puerco.
Cilantro: Condimento, coriandro, culantro.
Cocer: Hervir, cocinar.
Cocoa: Cacao, chocolate.
Cochino: Cerdo, chanco, chancho, puerco.
Cohombrillo: Cohombro, pepino.
Cohombro: Cohombrillo, pepino.
Col: Berza, repollo, taioba.
Col roja: Lombarda.
Colí: Variedad de plátano pequeño.
Coliflor: Brécol, brócoli.
Color: Achiote, axiote, azafrán, bijol, onoto, pimentón.
Comal: Gran plato de cerámica o metal para cocinar tortillas, semillas y granos.
Concha: Almeja, ostión, ostra.
Condimento: Cilantro, coriandro, culantro.
Conguito: Ají picante, chilcote, chile, guindilla, ñora, pimiento picante.
Cordero: Borrego, oveja.
Coriandro: Cilantro, condimento, culantro.
Cortezas: Cueros de cerdo, chicharrón.
Corvina: Merluza.
Costeleta: Costilla, chuleta.
Costilla: Costeleta, chuleta.
Coyocho: Nabo, papanabo.

Criadillas: Testículos de toro u otro animal.
Croco: Azafrán, brin.
Cuajada: Requesón.
Cuete: Parte del muslo de la res, algo dura.
Culantro: Cilantro, condimento, coriandro.
Curry: Cari.
Chabacano: Albaricoque, damasco.
Chala: Hoja que envuelve la mazorca de maíz, panca.
Chambarete: Morcillo.
Champignon: Callampa, hongo, seta.
Chancaca: Panela, piloncillo, raspadura.
Chanco: Cerdo, cochinillo, chancho, puerco.
Chancho: Cerdo, cochinillo, chanco, puerco.
Chaucha: Ejote, habichuela, judía verde, vainita.
Chicozapote: Fruta costeña, grande y carnosa, de pulpa amarilla y muy dulce. Zapote.
Chícharos: Alverjas, arvejas, guisantes.
Chicharrón: Cortezas, cueros de cerdo.
Chifles: Rodajas delgadas de plátano verde, fritas hasta quedar crujientes.
Chilaquiles: Tortillas.
Chilcosle: Chile oaxaqueño, también conocido como chile amarillo.
Chilcote: Ají picante, conguito, chile, guindilla, ñora, pimiento picante.
Chile: Ají picante, conguito, chilcote, guindilla, ñora, pimiento picante.
Chile amarillo: Chilcosle, chile oaxaqueño.
Chile de Oaxaca: Chilhuacle.
Chile dulce: Ají dulce, pimiento o chile morrón, no picante, pimentón.
Chile oaxaqueño: Chilcosle, chile amarillo.
Chilhuacle: Chile de Oaxaca.
Chilote: Choclo, elote, jojoto, mazorca tierna de maíz.
Chipirón: Calamar, sepia.
Chivo: Cabrito.
Choclo: Chilote, elote, jojoto, mazorca tierna de maíz.
Chocolate: Cacao, cocoa.
Chontaduro: Cachipai.
Chorizo: Butifarra, salchicha.
Choro: Mejillón, moule.
Chuchi: Aguacate, avocado, palta.
Chuleta: Costeleta, costilla.
Chumbera: Higo chumbo, nopal.
Chuño: Almidón de maíz, fécula de maíz, maicena.
Damasco: Albaricoque, chabacano.
Despojos: Achuras, menudos.
Durazno: Abridero, gabacho, melocotón, pavia.
Ejote: Chaucha, habichuela, judía verde, vainita.
Elote: Chilote, choclo, jojoto, mazorca tierna de maíz.
Empanada: Guiso o manjar cubierto con masa.
Enchiladas: Tortillas.
Faba: Alubia, caraota, fréjol, fríjol, guandú, judía, poroto.
Falda: Sobrebarriga, zapata.
Fariña: Harina de mandioca.
Fécula de maíz: Almidón de maíz, chuño, maicena.
Fideo: Pasta, tallarín.
Frango: Pollo.
Frangollo: Maíz molido.
Fréjol: Alubia, caraota, faba, fríjol, guandú, habichuela, judía seca, poroto.
Fresa: Fresón, frutilla, madroncillo, morango.
Fresón: Fresa, frutilla, madroncillo, morango.
Fríjol: Alubia, caraota, faba, fréjol, guandú, habichuela, judía seca, poroto.
Frutilla: Fresa, fresón, madroncillo, morango.
Fruto del nogal: Nuez criolla, tocte.
Gabacho: Abridero, durazno, melocotón, pavia.

Gambas: Camarones, quisquillas.

Gandules: Lentejas.

Ganso: Oca.

Garbanzo: Mulato.

Guacamole: Puré de aguacate.

Guacamote: Mandioca, raíz comestible, yuca.

Guachinango: Huachinango, pargo, sargo.

Guajalote: Pavo.

Guanábana: Fruta parecida a la chirimoya, pero más grande.

Guandú: Alubia, caraota, faba, fréjol, fríjol, judía, poroto.

Guascas: Hierbas de cocina de Cundinamarca.

Guayaba: Arasa.

Guindilla: Ají picante, conguito, chilcote, chile, ñora, pimiento picante.

Guineo: Plátano pequeño.

Guisantes: Alverjas, arvejas, chícharos.

Guiso: Ahogado, hogado, hogao, hogo, refrito, riojo, sofrito.

Haba: Faba.

Habichuelas: Chaucha, ejote, judía verde, vainita.

Harina de mandioca: Fariña.

Harina de yuca: Almidón de mandioca.

Hervir: Cocer, cocinar.

Hierbabuena: Menta.

Higo: Breva.

Higo chumbo: Chumbera, nopal.

Hogado: Ahogado, guiso, hogao, hogo, refrito, riojo, sofrito.

Hogao: Ahogado, guiso, hogado, hogo, refrito, riojo, sofrito.

Hogo: Ahogado, guiso, hogado, hogao, refrito, riojo, sofrito.

Hojas de achira: Hojas anchas para envolver tamales.

Hojas de maíz: Chalas, pancas.

Hongo: Callampa, champignon, seta.

Huacal: Caparacho de un ave.

Huachinango: Guachinango, pargo, sargo.

Huitlacoche: Hongo negro que nace en la mazorca de maíz.

Humitas: Tamales de choclo (maíz tierno).

Ingredientes: Aperitivo, botana, pasabocas, tapas.

Jaiba: Cangrejo, crustáceo comestible.

Jitomate: Tomate.

Jojoto: Chilote, choclo, elote, mazorca tierna de maíz.

Jora: Maíz germinado para fermentar.

Judías: Alubia, caraota, faba, fréjol, fríjol, guandú, poroto.

Judías verdes: Chaucha, ejote, habichuela, vainita.

Langosta: Bogavante, cabrajo.

Lechón: Cochinillo, lechonceta.

Lechonceta: Cochinillo, lechón.

Lechosa: Mamón, papaya.

Lentejas: Gandules.

Librillo: Callos, menudos, mondongo, panza, tripas.

Lima: Cítrico, perfumado y dulce.

Lisa: Mújol.

Lombarda: Col roja.

Lomito: Lomo fino, solomo, solomito.

Lomo fino: Lomito, solomo, solomito.

Lomo: Solomillo.

Lulo: Fruto ácido, de pulpa cristalina y verdosa. Naranjilla.

Madroncillo: Fresa, fresón, frutilla, morango.

Maicena: Almidón de maíz, chuño, fécula de maíz.

Maíz frito: Ancua, cancha, pororó, rositas de maíz.

Maíz germinado para fermentar: Jora.

Maíz molido: Frangollo.

Maíz tierno: Chilote, choclo, elote, jojoto, mazorca.

Mamón: Becerra, ternera.

Mandarina: Tanjarina.

Mandioca: Guacamote, yuca.

Maní: Cacahuate, cacahuet, cacahuete.

Manos: Patas de res o cerdo, patitas.

Manteca de la leche: Mantequilla.

Mantequilla: Manteca de la leche.

Mazorca tierna de maíz: Chilote, choclo, elote, jojoto.

Mejillón: Choro, moule.

Melado: Melao, miel de panela.

Melao: Melado, Miel de panela.

Melocotón: Abridero, durazno, gabacho, pavia.

Menta: Hierbabuena.

Menudo: Callos, librillo, mondongo, panza, tripas.

Merluza: Corvina.

Mezcal: Poderoso aguardiente destilado de una variedad de maguey.

Miel de panela: Melado, melao.

Mixiote: Hojas del maguey, usada para envolver alimentos y cocinarlos al vapor.

Mojito: Abadejo, bacalao, reyezuelo.

Molcajete: Mortero de piedra.

Mondongo: Callos, librillo, menudo, panza, tripas.

Morango: Fresa, fresón, frutilla, madroncillo.

Morcilla: Moronga.

Morcillo: Chambarete.

Moronga: Morcilla.

Mortero de piedra: Molcajete.

Moule: Choro, mejillón.

Muchacho: Bollito, bollo, cañón, capón, corte de res.

Mújol: Lisa.

Mulato: Garbanzo.

Nabo: Coyocho, papanabo.

Naranjilla: Fruto ácido, de pulpa cristalina y verdosa. Lulo.

Nopal: Chumbera, higo chumbo.

Nuez criolla: Fruto del nogal, tocte.

Ñame: Batata, boniato, camote, papa dulce.

Ñora: Ají picante, conguito, chilcote, chile, guindilla, pimiento picante.

Oca: Ganso.

Olivas: Aceitunas.

Onces: Comida que se hace tarde por la mañana.

Onoto: Achiote, axiote, color, pimentón.

Ostión: Almeja, concha, ostra.

Oveja: Borrego, cordero.

Paila: Cazuela de bronce.

Palta: Aguacate, avocado, chuchi.

Pan blanco: Bolillo.

Pan de yuca: Casabe, maíz.

Pancas: Chalas, hojas de maíz.

Panceta: Bacón, tocineta, tocino.

Panela: Chancaca, piloncillo, raspadura.

Panza: Callos, librillo, menudo, mondongo, tripas.

Papa dulce: Batata, boniato, camote, ñame.

Papa: Patata.

Papachina: Raíz comestible (nativa del Ecuador).

Papanabo: Coyocho, nabo, raíz, tubérculo parecido al rábano blanco.

Papaya: Fruto del papayo, mamón, similar al melón.

Pargo: Guachinango, huachinango, sargo.

Pasabocas: Aperitivo, botana, ingredientes, tapas.

Pasas: Uvas secas.

Pasiflora: Burucuyá, pasionaria.

Pasionaria: Burucuyá, pasiflora.

Pasta: Fideo, tallarín.

Pastel: Cake, torta.

Patas de res o cerdo: Manos, patitas.

Patata: Papa.

Patitas: Manos, patas de res o cerdo.

Pavia: Abridero, durazno, gabacho, melocotón.

Pavo: Guajalote.

Peperrone: Ají dulce, pimentón, pimiento.

Pepino: Cohombrillo, cohombro.

Piloncillo: Chancaca, panela, raspadura.

Pimentón: Achiote, axiote, bijol, color, onoto.

Pimentón: Ají dulce, peperrone, pimiento.

Piña: Abacaxi, ananá.

Pipián: Salsa hecha a partir de semillas de calabaza.

Pisco: Aguardiente de uva.

Plátano: Amarillo, banano, cambur, colí, guineo.

Pollo: Frango.

Pomelo: Toronja.

Poro: Puerro.

Pororó: Ancua, cancha, maíz frito, rositas de maíz.

Poroto: Alubia, faba, fréjol, fríjol, judía seca.

Puerco: Cerdo, cochinillo, chanco, chancho.

Puerro: Poro.

Pulque: Bebida popular ligeramente alcohólica, obtenida de la fermentación del aguamiel, o sea el jugo del maguey.

Quimbombó: Ocra, quingombó.

Quisquillas: Camarones, gambas.

Raspadura: Chancaca, panela, piloncillo.

Rebozar: Capear.

Refrito: Ahogado, guiso, hogado, hogao, hogo, riojo, sofrito.

Remolacha: Betabel, beterraba, beterraga.

Repollo: Berza, col, taioba.

Requesón: Cuajada.

Reyezuelo: Abadejo, bacalao, mojito.

Riojo: Ahogado, guiso, hogado, hogao, hogo, refrito, sofrito.

Rompope: Nutritiva bebida preparada con yemas, azúcar y leche, con algún vino generoso.

Sábalo: Pez típico de las aguas de Campeche.

Salchicha: Butifarra, chorizo.

Sambo: Anday, auyama, calabaza, zapallo.

Sargo: Guachinango, huachinango, pargo.

Sémola: Trigo quebrado muy fino. En América se hace también de maíz.

Sepia: Calamar, chipirón.

Sésamo: Ajonjolí.

Sobrebarriga: Falda, zapata.

Sofrito: Ahogado, guiso, hogado, hogao, hogo, riojo, refrito.

Soja: Soya.

Solomillo: Lomo.

Solomito: Lomito, lomo fino, solomo.

Solomo: Lomito, lomo fino, solomito.

Soya: Soja.

Taco: Tortillas.

Taioba: Berza, col, repollo.

Tallarín: Fideo, pasta.

Tamales de choclo (maíz tierno): Humitas.

Tanjarina: Mandarina.

Tapa: Aguayón, cadera.

Tapas: Aperitivo, botana, ingredientes, pasabocas.

Tasajo: Carne seca, cecina.

Telas: Arepas de maíz muy delgadas y blandas.

Ternera: Becerra, mamón.

Tiburón: Atún, cazón, pescado grande de mar, tuna.

Tocineta: Bacón, panceta, tocino.

Tocte: Fruto del nogal, nuez criolla.

Tomate: Jitomate.

Toronja: Pomelo.

Torta: Cake, pastel.

Tripas: Callos, librillo, menudo, mondongo, panza.

Tuna: Atún, cazón, pescado grande de mar, tiburón.

Tusa: Corazón no comestible de la mazorca usada para encender fuego o como abrasivo doméstico.

Uvas secas: Pasas.

Vainitas: Chaucha, ejote, habichuela, judía verde.

Yautía: Tubérculo consumido sobre todo en la zona de las Antillas.

Yuca: Guacamote, mandioca.

Zanahoria: Azanoria, carota.

Zapallo: Anday, auyama, calabaza, sambo.

Zapata: Falda, sobrebarriga.

Zapote: Fruta costeña, grande y carnosa, de pulpa amarilla y muy dulce. Chicozapote.

Zucchini: Calabacines, calabacitas, chauchitas.

— Indice de recetas —